文明の衝突と21世紀の日本

サミュエル・ハンチントン
Samuel P. Huntington

a pilot of wisdom

はしがき

　この小著は、今後の国際政治を形成していくと考えられるトレンドについて、私の考えの要点をまとめたものであり、いくつかの部分によって構成されている。すなわち、私の前著『文明の衝突』の抜粋と、一九九八年十二月に東京で行なった講演「二十一世紀における日本の選択――世界政治の再編成」、そして『フォーリン・アフェアーズ』誌一九九九年三―四月号掲載の論文「孤独な超大国」である。これらの文章で焦点を当てているのは、冷戦時代の世界政治と、出現しつつある世界政治のパターンとのあいだの二つの大きな相違点である。

第一に、冷戦時代は政治やイデオロギーによって国家間の協力関係や敵対関係が決まり、世界の国々はおおまかに「自由世界」、共産圏、第三世界という三つのグループに分かれていた。だが現在は、文化ないし文明という要素によって国家の行動が決定される傾向が強まり、国家は主に世界の主要な文明ごとにまとまっている。すなわち、西欧文明、イスラム文明、東方正教会文明、中華文明と、それぞれの文明ごとに国家のグループができているのである。

第二に、冷戦時代におけるグローバルな力《パワー》の構造は、二つの超大国の支配する二極体制だった。だが、いま出現しつつある世界の力の構造はもっと複雑であり、一極・多極体制とでも呼ぶべきものだ。この体制を構成するのは一つの超大国（アメリカ）と、世界の特定の地域は支配できるが、アメリカほどに世界的な影響力をふるいえない七つか八つの地域大国、各地域でしばしばこれらの大国とリーダーシップを争うナンバー・ツーの地域大国、そして世界政治にあまり大きな役割をはたしていない他のすべての国々である。こうした力の構造は、一方の超大国と他方の地域大国とのあいだの対立をうながす傾向がある。

現実化しつつあるこうしたトレンドは、東アジアの国際政治にとって重大な意味がある。

東アジアの国々の属する文明は六つ（中華・東方正教会・日本・西欧・イスラム・仏教）に分かれており、そのうち四つの文明の主要国である中国、ロシア、日本、そしてアメリカが、東アジアの諸問題に主要な役割をはたしている。

東アジアでは、数十年間にわたって経済がいちじるしい発展をとげたため、どの国も軍事力を強化することができた。そして東アジアは、ヨーロッパにかわって強国同士の競争が最も激しい地域となった。中国は、一五〇年間にわたって西欧の諸大国と日本に従属するという屈辱を味わってきたが、やはり経済成長をとげたことで、東アジアにおける覇権国としての歴史的な役割を再びになおうとしている。

このように事態が進展したことによって、日本はさまざまな問題に直面する。日本には固有の独特な文明があり、その日本文明は、他の文明とは異なり、この一つの国に特有のものだ。したがって、日本は他の国々にたいしておのずと文化的な親近感や敵意を抱くことがなく、それゆえに日本が望むならば、自国の力の強化と物質的な繁栄だけを目指して、外交政策を遂行できるのである。

しかし、パワーということについては、日本は曖昧《あいまい》な立場にある。中国と比較すれば、日本は地域のナンバー・ツーだが、北朝鮮（朝鮮民主主義人民共和国）や韓国と比較すれば地域大国だ。また、日本は東アジアにおけるアメリカの主要な軍事同盟国でもある。こうした複雑な関係のなかで、さまざまな機会をとらえて難問に対処していくことが、今後の日本の外交政策にとって最大の課題となるだろう。

この小著は、日本のとりうる選択肢を示すものである。本書をきっかけに、日本の読者がそれらの選択肢を理解し、建設的な政策を推進して将来の繁栄を目指してくれればと願うものである。

目次

ＣＧ図版制作統括　小松陽子デザイン室
ＣＧ制作　林田　格
秋元直子

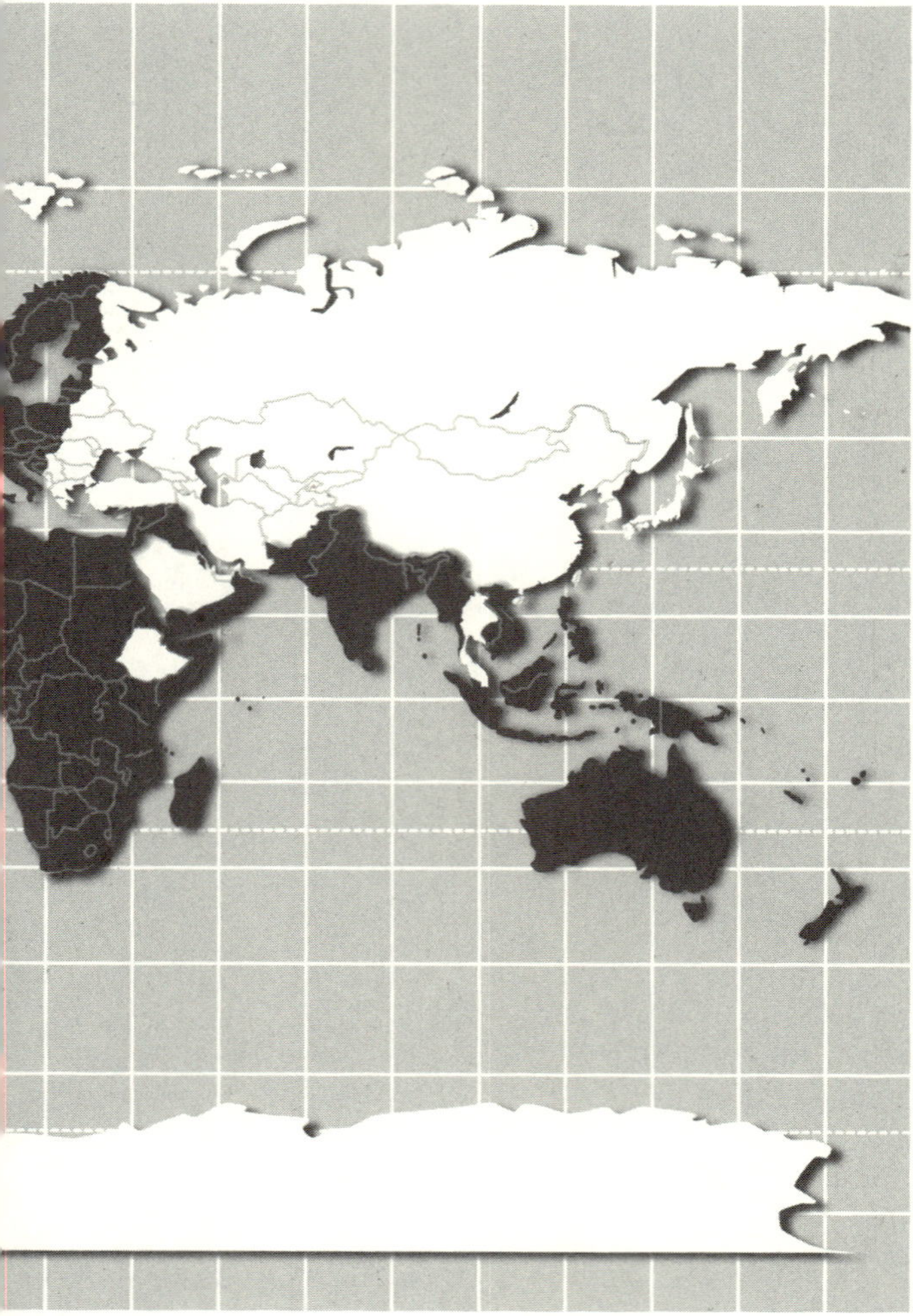

図表1●西欧とその他の地域(1920年)

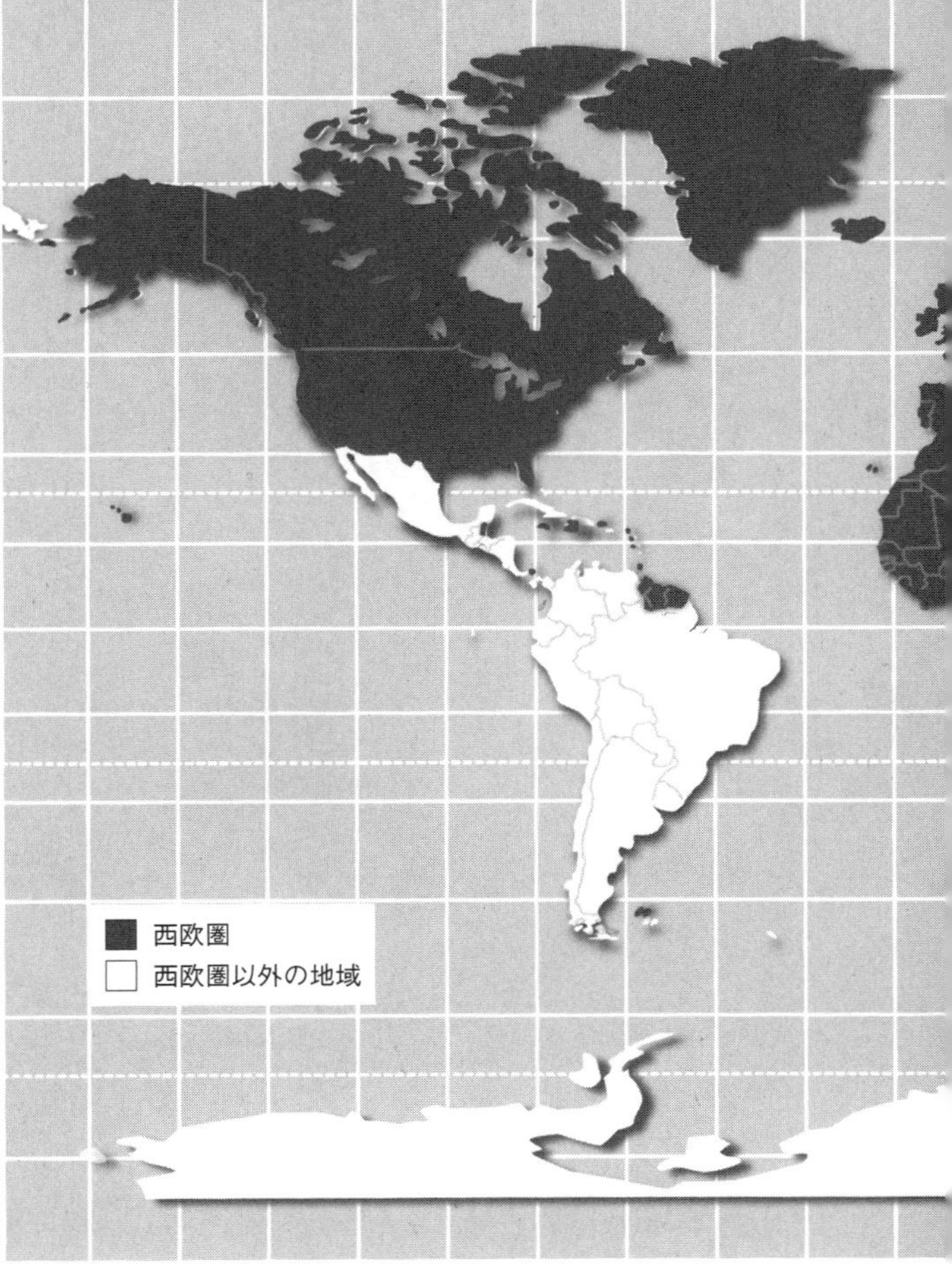

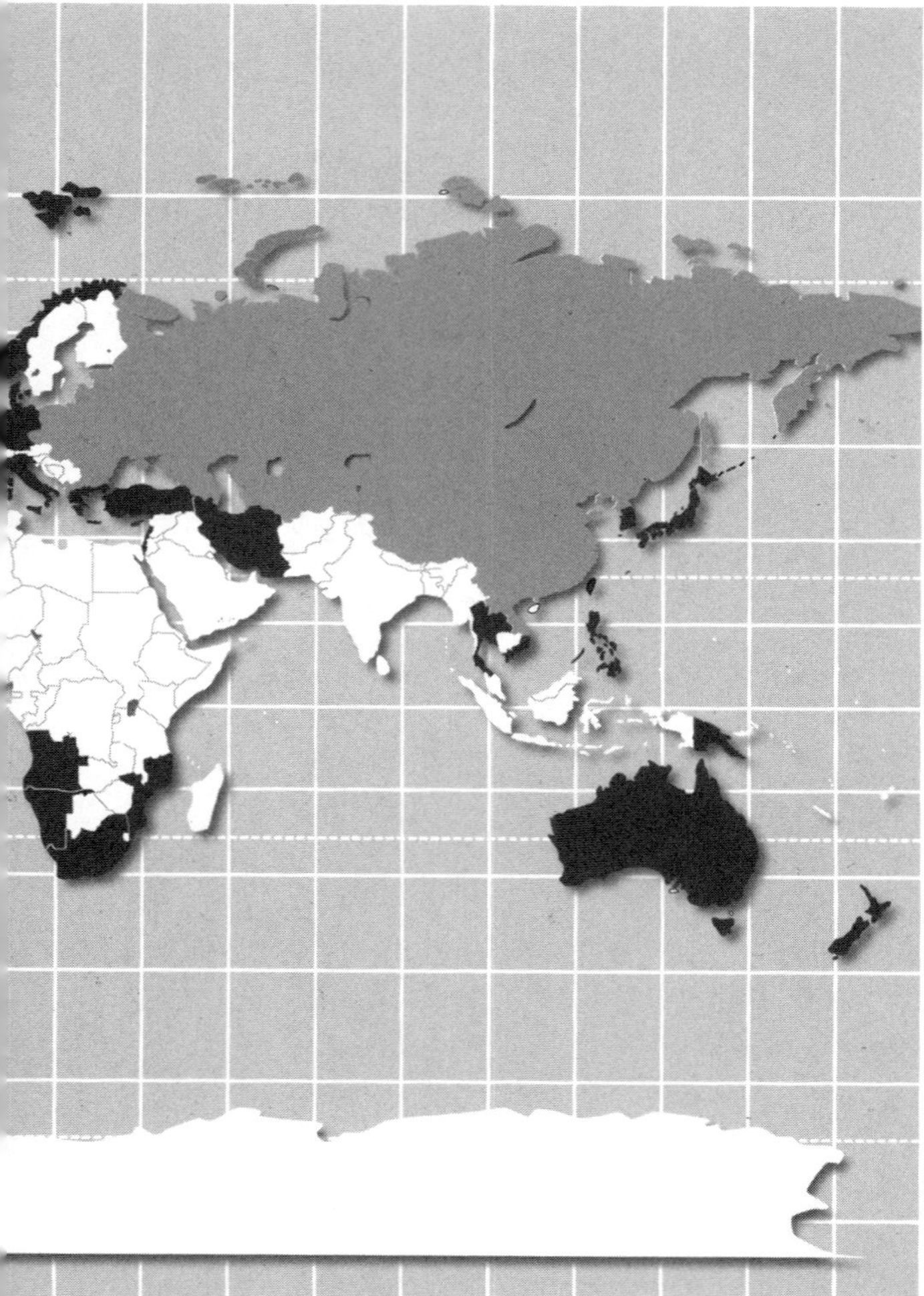

図表2●冷戦時代の世界（1960年代）

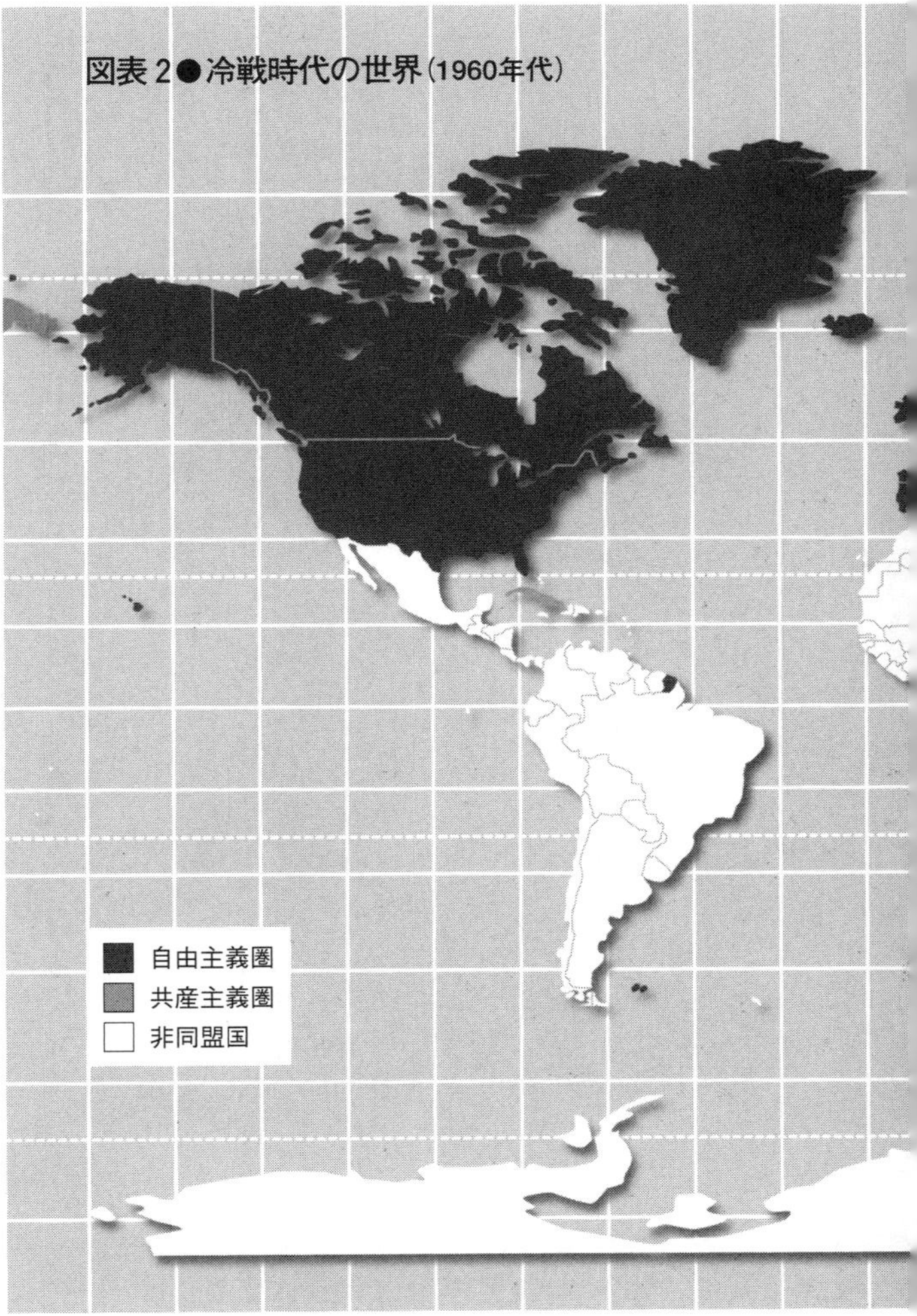

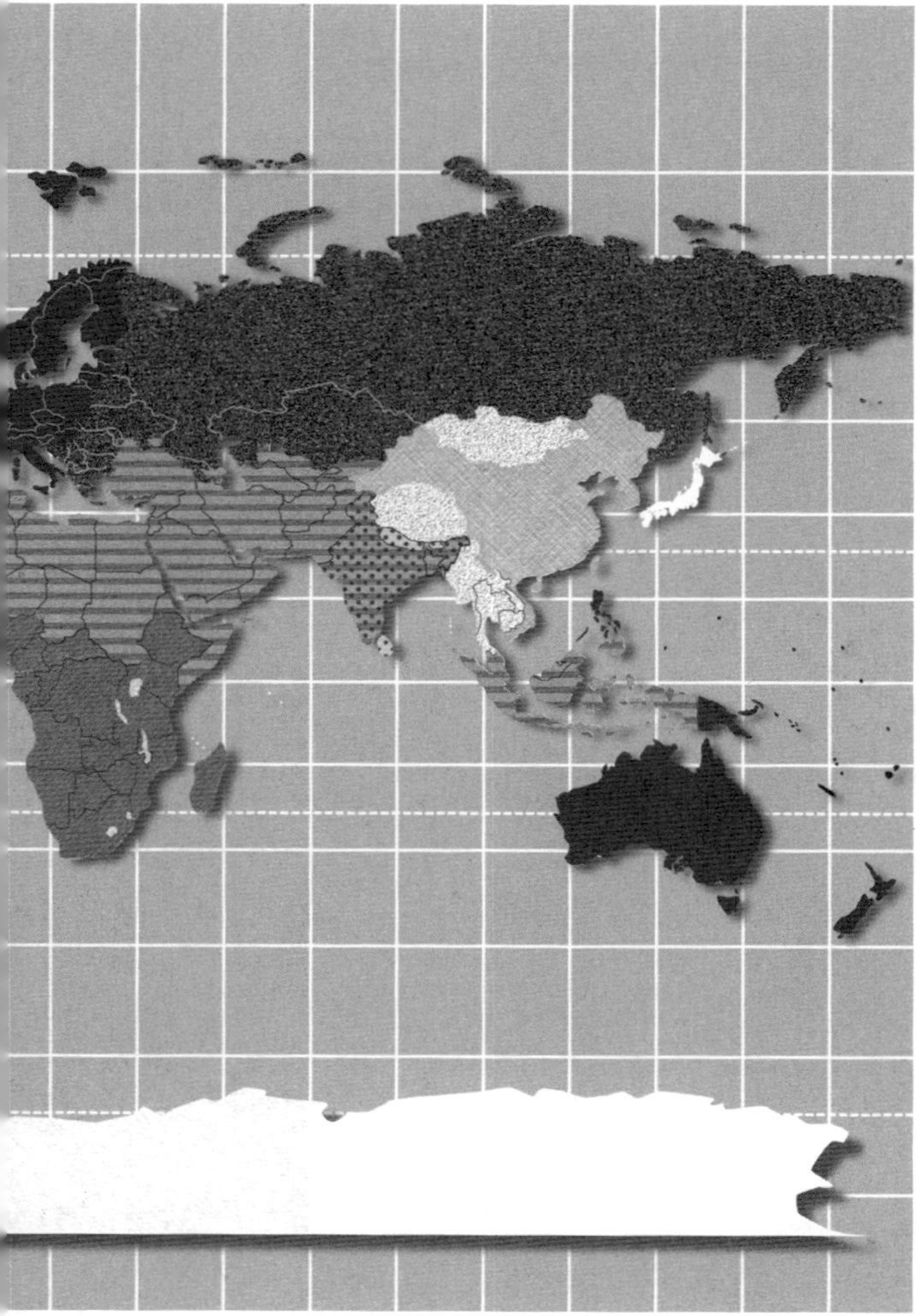

図表3●さまざまな文明からなる世界（1990年以後）

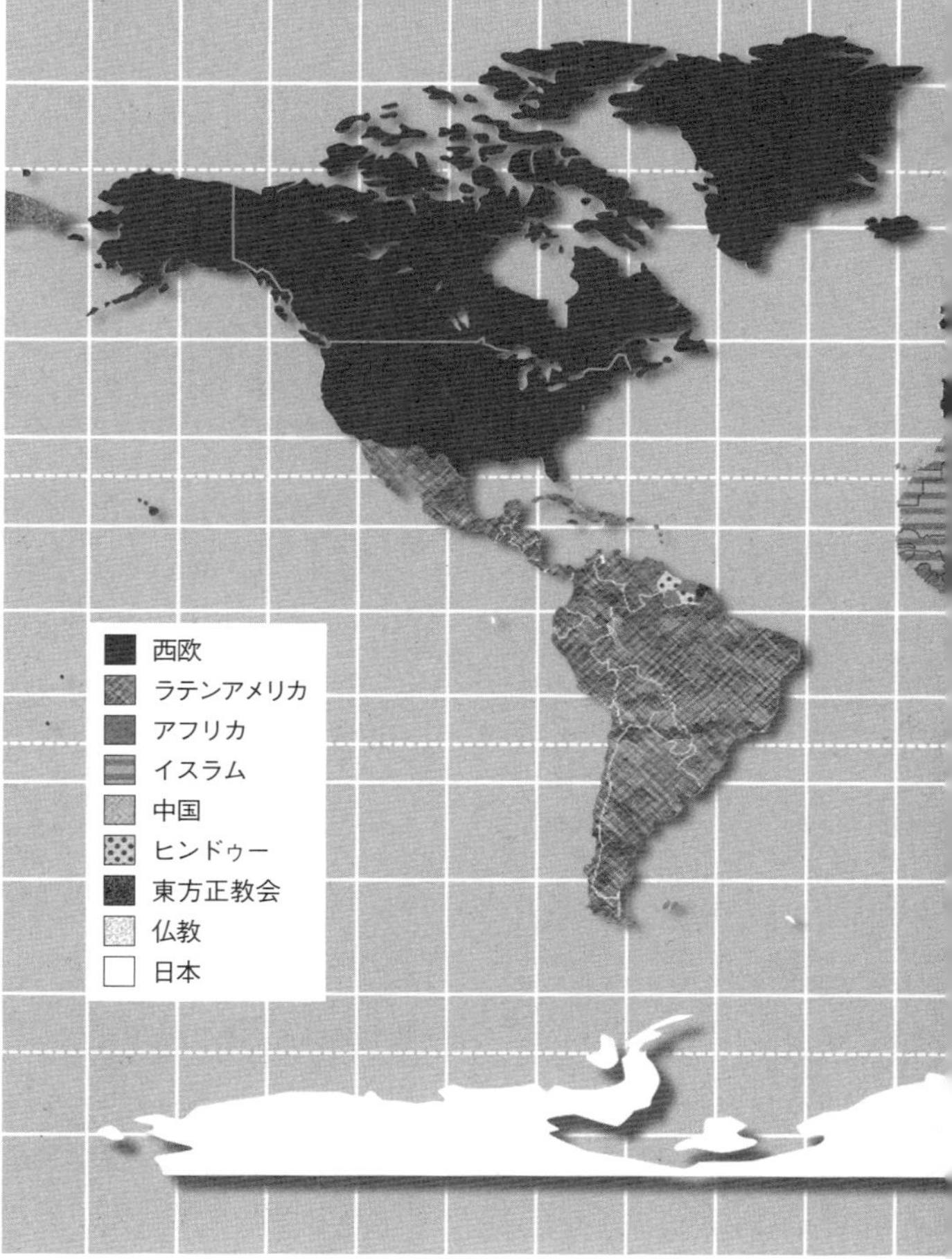

二十一世紀における日本の選択

——世界政治の再編成

冷戦後の世界

一極・多極世界

二十一世紀初頭の世界政治は、基本的に二つのかたちで冷戦時代のそれとは異なるだろう。第一に、冷戦時代の世界は主としてイデオロギーにもとづいて分けられていた。自由民主主義の国家、共産主義国家、そして独裁主義による第三世界の国々である。出現しつつある世界において、国々の主な違いは、イデオロギーや経済、あるいは政治ではない。それは文化の違いであり、そして国々を文化的に最も大きく類別するものが文明である。第二に、冷戦時代の世界政治の構造は力《パワー》によって二極化し、二つの超大国の影響力は他のすべての国家のそれをはるかにしのいでいた。現在、グローバルな超大国はたった一つしかなく、ほかにいくつかの主要な地域大国が存在する。つまり、事実上は一極・多極（uni-multipolar）世界になっているのだ。

以下に述べるのは、まず新しく生まれた世界政治の文化と文明のパターンのおおまかな見取り図である。次に、グローバルな力《パワー》の構造の展開を分析し、さらにこの新しい世界政治のなかでの日本の役割について論じることにする。

現在、世界中のあらゆる国々が自らのアイデンティティをめぐる大きな危機に直面している。いたるところで、人びとは人間が直面する最も基本的な問いに答えようとしている。すなわち、われわれはいったい誰かという問いである。

そして、人間がこれまでそれに答えてきた伝統的なやりかたで——自分たちにとって最も大きな意味をもつものに依拠することによって——答えを出している。人は、祖先、宗教、言語、歴史、価値観、習慣、制度によって、自分を定義する。そのうえで、文化的なグループと一体化するのである。すなわち、部族、民族、宗教にもとづく共同社会、国家、そして最も広いレベルでの文明である。

国民国家は明らかに、いぜんとして国際問題に関して重要かつ最も強力な役割を演じている。その行動を方向づけるのは、過去においては権力と安全保障と富の追求だった。しかし、今日の世界では、文化的な好み、文化的な共通性と相違もその要因となっている。国家は、文化的に似ている他国からもたらされる脅威よりも、文化的に異なる国によってもたらされる脅威のほうをより強く意識しがちだ。共通の文化をもつ国家は、たがいにより理解しあい、信頼しあう傾向がある。世界政治は文化と文明のラインにそって再構成されつつあるのだ。

図表4●文明の定義

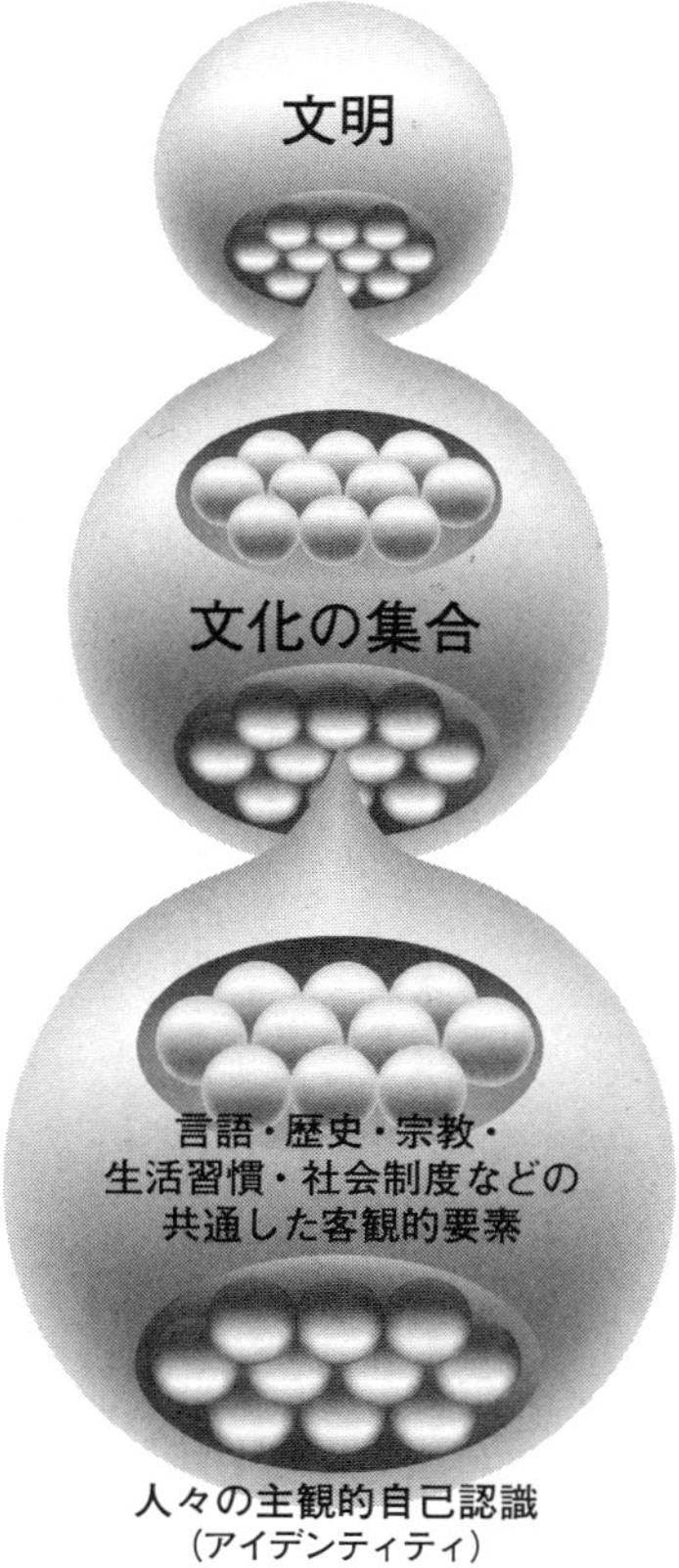

冷戦後の世界において、歴史上初めて世界政治が多極化し、多文明化した。文明を定義する要素のなかでもっとも重要なものは宗教である。文明は包括的である。文明の輪郭を定めているのは、言語、歴史、宗教、生活習慣、社会制度のような共通した客観的要素と、人びとの主観的な自己認識の両方である。

人類の歴史のほとんどの時期を通じて、文明間の接触は断続的であるか、あるいは皆無だった。そして、西暦一五〇〇年ごろにおける近代の幕開けとともに、西欧諸国は領土を拡大し、他国を征服、あるいは植民地化して、他のすべての文明に決定的な影響をおよぼすようになり、一九二〇年には、世界中の領土と国民のおよそ半分を直接支配していた。

しかし、この支配を維持することはできず、一九六〇年には植民地の独立が進んだ。しかも、冷戦時代のあいだにパワーは分割され、世界はアメリカが主導する自由世界と、ソ連を中心とする共産圏、そして発展途上の第三世界に分かれた。冷たい戦争の多くが実際にくりひろげられたのは、この第三世界においてであった。

多文明化する世界

冷戦後の世界はもっと複雑である。最も重要な国家の類別は、もはや冷戦時代の三つのブロックではなく、むしろ七つあるいは八つを数える世界の主要文明——西欧文明、東方正教会文明、中華文明、日本文明、イスラム文明、ヒンドゥー文明、ラテンアメリカ文明に加え、アフリカ文明——である。ヘンリー・キッシンジャーが論じたところによれば、「二十一世紀の国際システムには……少なくとも六つの大国——アメリカ、ヨーロッパ、中国、日本、ロシア、そしておそらくはインド——が含まれることになる」という。キッシンジャーがあげた六つの大国は、それぞれ異質な五つの文明に属し、それぞれを主導する、あるいは核となっている国家だが、このほかにもイスラム圏の重要な国々が存在し、その戦略的な位置や膨大な人口、そして場合によっては石油資源のおかげで、国際問題にたいへん大きな影響力をもっている。

現時点において、最も多くの人口をもつ八つの国は八つの異なる文明に属している。最も大きい経済力をもつ七つの国は五つの異なる文明に属している。二〇二〇年には、世界で最も大きい経済力をもつ五つの国は、五つの異なる文明に属することになると考えるのが妥当だろう。この新しい世界では、地域の政治は民族性による政治であり、世界政治は文明にもとづく政治である。人類の歴史で初めて、世界政治が真に多文明化するのである。

この新しい世界では、異なる文明から発した国家間の関係は、当然、よそよそしくて冷たいものとなり、激しく対立することも多いだろう。ときおり、文明の境界を越えて特別な連合が生まれるかもしれないが、文明間の関係はさらに競争的共存とか冷たい戦争とか冷たい平和などといった言葉で表現されるものとなりそうだ。

ちなみに「冷戦」という言葉は、十三世紀にスペイン人が初めて使った言葉で、当時のスペインと近隣のイスラム国家との関係を表現したものである。ともあれ、これからの世界は、いくつかの冷戦が存在する世界となりそうだ。

中国の台頭とイスラムの復興

これから世界政治のなかで最も重要な軸となるのは、西欧とそれ以外の世界との関係だろう。西欧はその価値観と文化を他の社会に押しつけようとするからである――そうするパワーにはすでに翳りが見えているのだが。この新しい世界において、紛争の主な源となり政治的な不安定をもたらすのは、中国の台頭とイスラムの復興だろう。西欧と、この新しい勢力をもった二つの文明――中国とイスラム――との関係は特に難しく、対立的なものとなりそうだ。そして、これらの紛争の推移に大きく影響するのは、「揺れる」文明の中核国――ロシア、インド、日本――がどこと、どの程度まで協調できるかである。

潜在的に最も危険な紛争は、アメリカと中国とのあいだで起こるものである。この二国は現在、多くの問題――貿易、知的所有権、人権、兵器の販売と大規模破壊兵器の拡散、チベット、および台湾に関する問題――によって引き裂かれている。

しかし、根本的な問題はパワーをめぐるものだ。つまり、今後の数十年間、東アジアの発

図表5●紛争の源と予想される文明の衝突

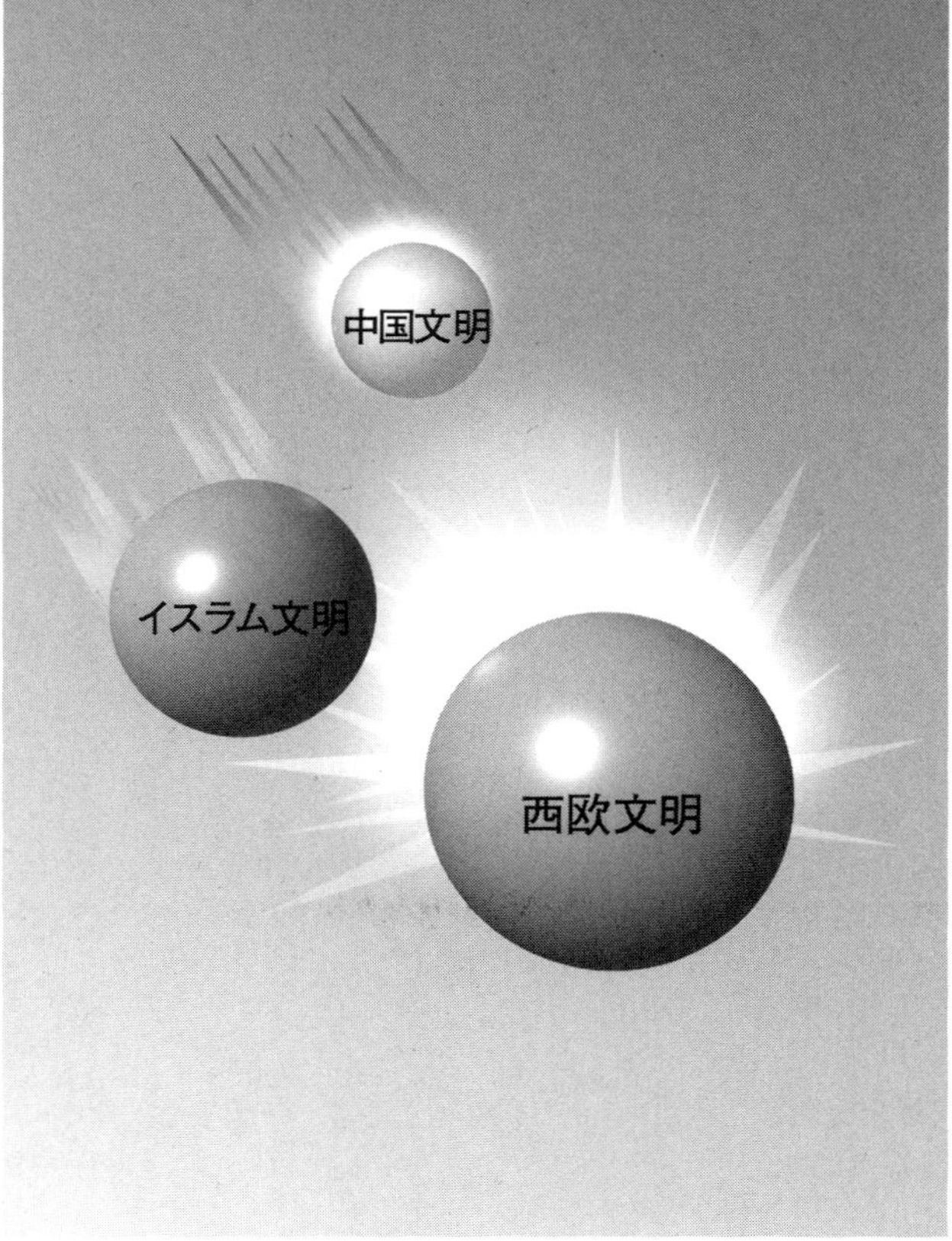

冷戦後の世界は3つのブロックではなく、7つ（ないし）8つの文明に類別される。西欧はその価値観と文化を他の社会に押しつけようとして対立を招くだろう。人口爆発に根ざすイスラム社会の挑戦と台頭する中国との関係が特に難しい。

展をかたちづくる主要な役割を演じるのはどちらの国かということである。中国人の考えははっきりしている。彼らは、他の大国に従属して辱《はずかし》められてきた時代が終わりつつあると見ており、十九世紀半ばに手放した東アジアにおける覇権的な地位を取り戻すことを期待している。

一方、アメリカはつねに、西欧や東アジアを一つの大国が支配することに反対してきた。そして、二十世紀には二つの世界大戦と一つの冷戦に勝利して、そうした事態が起こるのを防いだ。したがって、中国とアメリカの関係を特徴づけるものが対立となるか和解となるか、それが将来の世界平和を左右する中心的な問題となるのである。

イスラム世界の挑戦

イスラム世界による挑戦は、まったく性質の異なるものだ。それは経済の発展ではなく、人口爆発に根ざしている。数十年のあいだ、イスラム諸国はきわめて高い人口増加率を記録しており、年におよそ三パーセント増となることもしばしばだった。これはヨーロッパの国国の一〇倍以上に相当する数字である。一九八〇年には、イスラム教徒は世界の総人口のおよそ一八パーセントを占めると推定されていた。そして、現在は二〇パーセントを上回って

図表6●人口動態：イスラム、ロシア、西欧

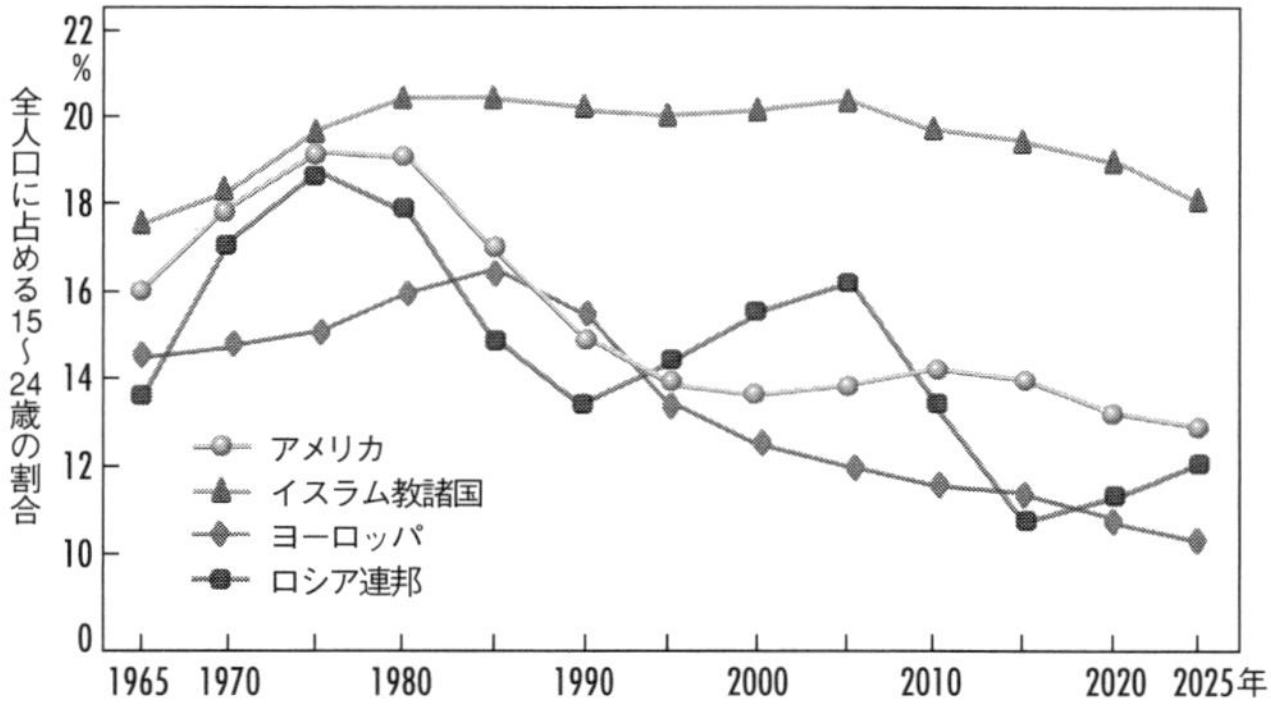

出典：United Nations, Population Division, Department for Economic and Social Information and Policy Analysis, World Population Prospects, The 1994 Revision (New York:United Nations,1995);United Nations,Population Division,Department for Economic and Social Information and Policy Analysis,Sex and Age Distribution of the World Populations,The 1994 Revision (New York:United Nations,1994);

おり、キリスト教徒の数をしのぎ、二〇二五年には世界の人口のほぼ三〇パーセントを占めるかもしれないと推定されている。

こうした急激な人口増加と同時に、イスラム教徒によるイスラム教への厚い信仰心が再燃している。文化的にも政治的にも、この数十年で最も重要な動きはイスラムの復興である。これはイスラム世界全体に波及し、モロッコからインドネシアにいたるすべてのイスラム国家の人びとの生活の主要な部分に影響をおよぼした。唯一の例外であるイランを除いて、現在、すべてのイスラム国家がよりイスラム的になり、イスラム教徒の衣服、振

舞い、戒律は一五年前よりもさらにイスラム的な色彩を強めている。

世界で多くの地域的な民族紛争がつづいている。イスラム教徒は、他のどの文明に属する人びとよりも多く、それらの争いにかかわっている。バルカン諸国、カフカース、中央アジア、南アジア、東南アジア、中東、アフリカにおけるイスラムの国境のすべてにそって、イスラム教徒は非イスラム教徒と戦いをつづけているのだ。イスラム世界の内部でも、イスラム教徒同士が争っており、その数は他の同じ文明に属する人びとがたがいに争うよりもずっと多い。

どうしてこんなことが起こるのだろうか？　現在のイスラム教徒が暴力に頼りがちな原因の一つは、オスマン帝国の没落以来、イスラムにはリーダーシップを行使して、秩序を維持し、規律を正すような中核国家が存在しないことにある。

第二の原因は、イスラム国家の出生率の高さにかかわっている。これが、十五歳から二十四歳までの「若年人口の激増」を生み出しているのだ。歴史的に見ても、この世代の若者が人口の二〇パーセント以上を占めると社会は不安定になり、暴力や紛争がエスカレートする傾向がある。ほとんどのイスラム国家では、若年人口が激増し、総人口の二〇パーセントに到達しつつある。

図表7●地域別にみたイスラム圏の若年人口の増大

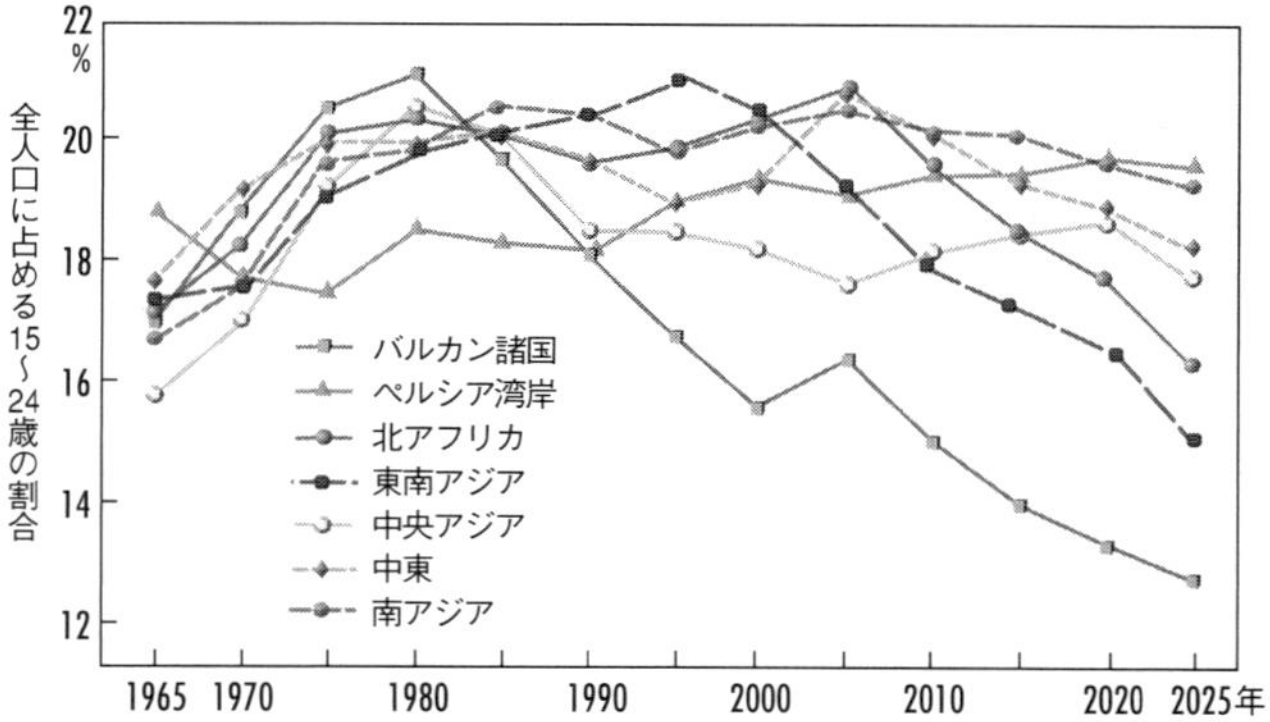

出典:United Nations, Population Division, Department for Economic and Social Information and Policy Analysis, World Population Prospects, The 1994 Revision (New York:United Nations,1995);United Nations,Population Division,Department for Economic and Social Information and Policy Analysis,Sex and Age Distribution of the World Populations,The 1994 Revision (New York:United Nations,1994);

これがイスラムの好戦性を生み出し、イスラム教徒の移民の増加と、イスラム社会の急激な成長による隣国への圧力の元となっているのである。

予測できる将来について言えば、イスラムの人びとと他の人びととの関係は、最も好ましい場合でも冷たく、とげとげしいものであり、最悪の場合は暴力をともなう闘争的なものになるだろう。とはいえ、長い目で見れば、イスラム教徒の人口増は自然の経過をたどるだろう。

人口増加は、一九七〇年代にまずイランでピークを迎え、一九七九年の革命を引き起こした。しかし、イランでは現在その勢いが弱まり、それとともに革命の原動力も訴求力も弱まっている。やがて、イスラム教徒の年齢が高くなっていくにつれて、北アフリカ、バルカン諸国、中東、そしてすべての場所で、イスラム教徒の激情は沈静化していくだろう。そのとき、イスラム諸国とその隣国とのあいだに、より穏やかな共存への道が開かれるだろう。

文化による国家の統合

文化と文明の違いは人びとを分裂させ、文化的な類似性は人びとをつないで信頼と協力をうながす。世界では、地域経済の統合をうながすために多くの取り組みがなされている（EU〔欧州連合〕やメルコスール〔南米南部共同市場〕など）。そうした取り組みが成功するかどうかは、それにかかわる国々がどの程度まで共通する文化をもっているかにかかっている。

世界中の国々は、文化的なラインにそって政治的にグループ分けされつつあるのだ。イデオロギーで統合されていても文化的に分裂している国々は分離していく。たとえば、旧ソ連や旧ユーゴスラヴィアがその例である。イデオロギーでは分裂していても文化が共通する国々は統合される。二つのドイツがそうであり、また二つの朝鮮といくつかの中国がそのスタート地点に立っている。

人びとと政府はしだいに国家の境界を越えた文化的なコミュニティに関して協議するようになった。大中国、大トルコ、大イラン、大ハンガリーといったぐあいである。ロシアは自らを東方正教会の遺産を共有する国々のなかに類別しつつある。

東アジアでは、ある種の経済統合が進行中だが、それは多くの人が期待しているような、日本を中心としたものではなく、中国に根をおろした経済統合である。日本は文明としてはまったく孤立した存在だからだ。そして、中国のビジネス社会は、日本と韓国を除いた東アジアのすべての国々の経済を支配している。

冷戦後のヨーロッパ

文化的なラインにそった政治の再構成がきわめて劇的にあらわれているのは、ヨーロッパである。四五年にわたって、ヨーロッパは鉄のカーテンを境界線として政治的に分裂していた。その境界線はいまや数百マイル東に移動し、西欧のキリスト教による民族と、イスラム教徒および東方正教会派の民族とを分けている。

オーストリア、スウェーデン、フィンランドといった国々は、文化的に西欧の一部でありながら、冷戦時代には西欧から切り離されて、中立を保たなければならなかった。しかし、いまは欧州連合（ＥＵ）に加盟して、文化的に同類の国々とともに歩むこととなった。ポーランド、ハンガリー、チェコ共和国はＮＡＴＯ（北大西洋条約機構）の加盟国となり、いずれはエストニアとスロヴェニアとともに欧州連合に加盟することだろう。

冷戦時代、バルカン諸国のなかでは、ギリシアとトルコがＮＡＴＯに、ブルガリアとルーマニアがワルシャワ条約機構にそれぞれ属し、ユーゴスラヴィアは非同盟をつらぬき、アルバニアは孤立しながらときおり共産主義の中国と友好関係を結んでいた。

現在、ブルガリア、セルビア、ギリシアは「東方正教会協約」と呼ばれる関係のなかに統合されつつある。スロヴェニアとクロアチアは西ヨーロッパと統合する方向に動き、トルコはアルバニアとボスニアのイスラム教徒との歴史的なつながりを取り戻そうとしている。ギリシアとトルコのあいだでは、冷戦時代にはソ連と共産主義にたいする共通の恐怖によって抑制されていた古い対立が息を吹き返し、現在はときおり小規模な軍事紛争が起こっている。ギリシアはロシアとの関係をしだいに強めている。トルコの首相は、同国のＮＡＴＯからの脱退を目的とする政党に属しており、その最初の海外訪問先はワシントンでもブリュッセルでもなく、テヘランとトリポリだった。

図表 8 ● 西欧文明の東の境界

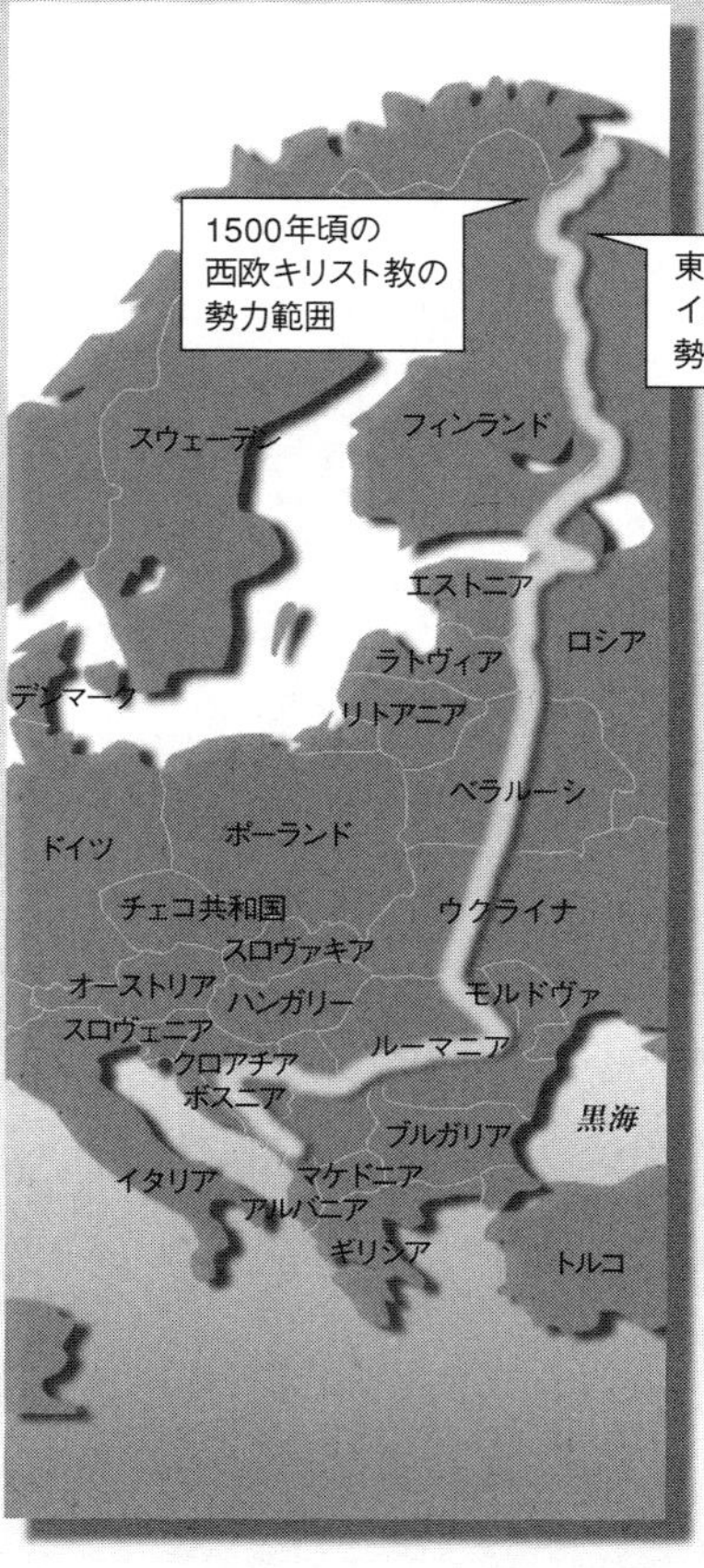

出典：W.Wallace, THE TRANSFORMATION OF WESTERN EUROPE. London: Printer,1990. Map by Ib Ohlsson for FOREIGN AFFAIRS.

旧ユーゴスラヴィアにおける文明間の断層線《フォルト・ライン》戦争では、ヨーロッパとラテンアメリカのカトリックの国々がスロヴェニアとクロアチアに充分な支援を提供し、ロシアとギリシアがセルビアに物質面、外交面、軍事面の援助をした。そして、イスラム諸国、特にイラン、サウジアラビア、トルコ、マレーシアがボスニアのイスラム教徒に資金、兵器、軍事訓練のために何億ドルをも拠出した。

これはなぜだろうか？　明らかに、武力外交や経済的利益、政治的なイデオロギーによるのではなく、文化的な親近感のためである。文化的なつながりと分裂が、冷戦のイデオロギーによる分裂にとってかわったのである。

では次に、新しく生まれつつあるグローバルなパワーの構造に目を向けてみよう。

パワーの構造

国力の四つのレベル

冷戦時代の国際関係が二極システムだったこと、そしていまは超大国がたった一つしか存在しないことは一般に同意される。しかし、現在の世界は一極システムなのか、多極システムなのか、あるいは何か別のシステムなのかということについては多くの議論がある。この問題を解くためには、まずこれらの用語の正確な定義が必要である。

一極世界とは、一つの超大国があり、そのほかに主要な大国はなく、多数の小国が存在する状態をいう。その結果、超大国は他の国からの協力をほとんど、あるいはまったく受けずに、一方的な行動をとり、主要な国際問題を効率的に解決することができる。そして、他の小国同士がどんな関係を結んでも超大国の行動を阻止することはできない。古代においては何世紀かのあいだ一極支配が存在した。ローマと、ときおりその歴史のなかで東アジアを支配していた時代の中国がこのモデルに近い。

二極世界とは、二つの超大国が存在し、その二国の関係が国際政治を支配する状態をさす。このシステムでは、他の国家は超大国が競合するなかでそのどちらかにつくか、あるいは中立を守ろうとする。

多極世界は、同等の力をもついくつかの大国が存在し、さまざまなパターンでたがいに協力したり競争したりする世界である。このシステムでは、重要な国際問題を解決するためには大国が協力しあうことが必要になる。ヨーロッパの政治は、数世紀にわたってこのモデルに近い状態にあった。

現在の国際政治は、これら三つのモデルのいずれにも当てはまらない。国際政治はいまのところ、一つの超大国といくつかの大国からなる一極・多極システムなのである。主要な国際問題の解決には、一つの超大国の行動はもとより、諸大国の協力がつねに必要になる。しかし、一つの超大国は諸大国が連合して重要な問題への取り組みを求めても拒否することができる。

こうした一極・多極世界では、グローバルなパワーの構造は四つのレベルからなる。その頂点に位置するのは、もちろんアメリカである。アメリカは唯一の超大国として、経済、軍事、外交、イデオロギー、テクノロジー、文化のいずれの領域においても傑出しており、世界のほとんどすべての地域を勢力範囲におさめて自らの国益を促進する能力をもっている。

第二のレベルに位置するのは、地域的な大国である。世界の重要な領域で支配的な役割を演じているが、その国益と力をアメリカのようにグローバルに拡大することはできない。こうした国々は、その重要性や行動、支配の度合いが大きく変化する。ここに含まれるのは、ヨーロッパにおける独仏連合、ユーラシアにおけるロシア、東アジアにおける中国、そして潜在的には日本、さらに南アジアにおけるインド、東南アジアにおけるインドネシア、南西

図表9●一極・多極世界での4つのレベル

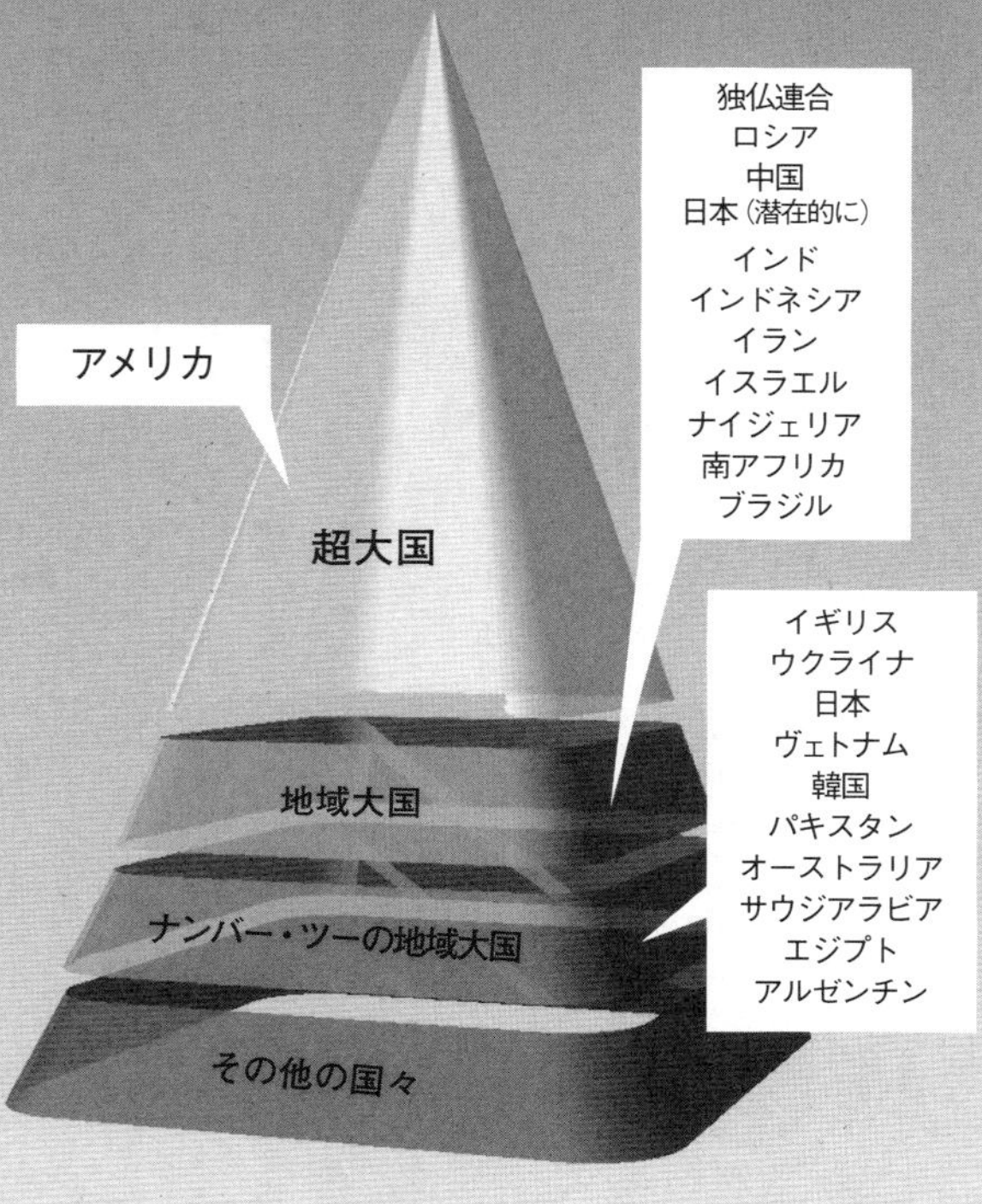

冷戦時代に２極システムだった国際関係は、現在は、一極・多極システムに変化した。注目すべきは日本が潜在的には地域大国と定義される第２レベルと、地域のナンバー・ツーの国が属する第３レベルの両者に属するというハンチントン分析である。

アジアにおけるイラン、中東におけるイスラエル、アフリカにおけるナイジェリアと南アフリカ、ラテンアメリカにおけるブラジルである。

第三のレベルに位置するのは、ナンバー・ツーの地域大国である。その影響力は主要な地域的大国よりも弱く、その権益はしばしば主要な地域的大国と対立する。ここには、独仏連合にたいするイギリス、ロシアにたいするウクライナ、中国にたいする日本とヴェトナム、日本にたいする韓国、インドにたいするパキスタン、インドネシアにたいするオーストラリア、イランにたいするサウジアラビア、イスラエルにたいするエジプト、ブラジルにたいするアルゼンチンである。アフリカには、ナイジェリアと南アフリカに次ぐ重要な大国は存在しない。

最後に残るのが第四のレベルの国々である。そのうちのいくつかはきわめて重要だが、グローバルなパワーの構造のなかで上位三つのレベルの国々に匹敵するような役割を演じてはいない。

多極化する二十一世紀——孤立する超大国

この一極・多極システムでは、唯一の超大国は明らかに一極システムを好むだろう。そのなかで一方的な行動をとり、主要な大国との連合を確保する必要はないからだ。

一方、主要な諸大国は多極システムを好むだろう。そのなかでなら、単独であれ団結してであれ、自国の権益を追求でき、より強力な超大国の規制、抑圧、要求に屈しないですむ。一極・多極システムの安定は、したがって、一極あるいは多極システムに向かって衝突する圧力をたがいに均衡させ、どの程度まで相殺できるかにかかっている。

本質的に、この均衡を無期限に維持することはできそうにない。主要な地域大国の力の傾向が変化する一方で、こうした国家のほとんどすべてがますます独断的に自国に独自の権益を定義して促進するようになり、それはしばしば超大国のそれと衝突するからだ。

世界政治は、冷戦時代の二極システムから、一九八〇年代の終わりの一時的な一極システムの時代を通りぬけ、そしておそらくいまは数十年の一極・多極システムの時代を経験しながら、多極システムの二十一世紀へと進んでいるのだ。

唯一の超大国の指導者として、アメリカの官僚たちはきわめて自然に、まるで世界が一極システムであるかのように考え、行動する傾向にある。アメリカの力とアメリカの美徳を鼻にかけ、自国を慈悲深い親切な支配者だと考えている。そして、他の国々に、アメリカの原則、習慣、制度の普遍的な正当性について説教をたれ、他のすべての国もそれを採用すべきだとして押しつけようとする。

アメリカの指導者たちはつねに「国際社会」ということを考え、その名のもとに行動していると主張するが、それは幻想であることが多い。まるで世界が一極システムであるかのように行動することで、アメリカはますます世界のなかで孤立しつつある。

あらゆる問題をめぐって、アメリカはいつのまにか孤立しているのだ。おそらくイギリスやイスラエルをはじめとする数ヵ国の支持は得られるだろうが、世界のほとんどの国と国民は反対の立場にいる。

たとえば、次のような問題がある。国連の分担金、イラン・リビア・イラク・キューバへの経済制裁、地雷禁止条約、地球温暖化問題、国際戦争犯罪法廷、小火器規制、中東・イラクや旧ユーゴスラヴィアへの武力行使、三五ヵ国を対象とした一九九三年から九六年のあいだの新規経済制裁の発動などである。こうした問題をめぐって、アメリカは国際社会の大部分と反対の立場に立っている。

排他的な超大国

アメリカ人は、世界の問題は自分たちの問題だと考えている。他の国々は、自国で起こったことは、アメリカの問題ではなく自分たちの問題であると考えている。あるいは、ネルソン・マンデラが言ったように、われわれの友人が誰であるべきかをわれわれに教えようとするな、と思っている。アメリカが世界の警察官になることなど受け入れられない、と考えているのだ。

二極世界では、もう一つの超大国から護ってくれる擁護者として、多くの国がアメリカを歓迎した。これとは対照的に、一極・多極世界では唯一の超大国は他の大国にとっては脅威となるし、脅威であると見なされるのだ。地域大国は、自らの支配する地域にアメリカが介入することを望まない、としだいに表明しはじめており、そうした国の数は徐々に増えている。

たとえばイランは、ペルシア湾におけるアメリカの軍事的プレゼンスに強く反対している。しかし、もしもイラン革命が起こっていなくて、シャーの息子が現在イランを統治していたとしても、同じ見解をもっていただろう。冷戦のあいだ、アメリカのプレゼンスは湾岸地帯をソ連の支配から保護した。いま、アメリカのプレゼンスは湾岸地帯のイランの支配を妨害しているのだ。

地域大国と超大国、その対立と協力

世界の国々の多くが、このように、アメリカの覇権にたいしてどっちつかずの見解をもっている。これは特に、主要な地域大国に言えることだ。一極・多極世界の力関係が示唆するのは、超大国と主要な地域大国とのあいだ、主要な地域大国とその地域のナンバー・ツーの大国とのあいだ、隣接する地域の主要な地域大国同士のあいだの関係が、より対立的なものになりそうだということだ。

力についてさまざまな考えをおし進めれば、主要な地域大国にたいする超大国とナンバー・ツーの地域大国とのあいだ、主要な地域大国とその隣接地域のナンバー・ツーの大国とのあいだ、そして超大国にたいする主要な地域大国同士のあいだで、より協力的な関係が助長されることになるかもしれない。

特に、ナンバー・ツーの地域大国とアメリカとは、その地域における主要な地域国家の支配力を制限することで利益を分けあうことになる。アメリカが日本との軍事的な同盟関係を強化し、日本の軍事力の適度な増強を支援することによって中国を牽制したのは、その具体例である。

アメリカとイギリスの特別な関係は、ヨーロッパの統合によって生じたパワーにたいする対抗勢力となっている。さらに、アメリカはウクライナと緊密な関係を築くことで、ロシアの勢力拡大を阻止しようとしている。ブラジルがラテンアメリカにおける支配的な国家として浮上すると、アルゼンチンとの関係を大幅に改善させ、アルゼンチンをＮＡＴＯの域外同盟国に指名した。また、アメリカはサウジアラビアと緊密に協力し、ペルシア湾におけるイランのパワーに対抗しており、南アジアではあまりうまくいっていないものの、パキスタンと協力してインドにたいするパワーのバランスを保とうとしている。これらすべてのケースにおいて、他国との協調は地域大国の影響力を封じ込めるという共通の利益になっている。

文化および文明的観点から見た孤立国家・日本の特徴

孤立する国家・日本

それでは、この新しい世界——多文明で現在のところ一極・多極だが、おそらく真の多極システムへと向かっている世界——において、日本はどのような役割を演じているのだろうか。

第一に、文化と文明の観点からすると、日本は孤立した国家である。

西欧化しない日本

他のすべての主要な文明には、複数の国が含まれる。日本が特異なのは、日本文明が日本という国と一致していることである。日本には、他の国には存在する国外離散者《ディアスポラ》さえ存在しない。ディアスポラとは、祖国を離れて移住しているが、もとの共同体の感覚をもちつづけ、祖国と文化的な接触を維持している人びとのことである。

たとえば、多くの日本人がアメリカに移住してアメリカ社会に同化しているが、ハワイを除いて、日本を離れた移民はたいてい日本の文化的共同体の一員ではない。国と文明の独自性の結果として、日本は他のどんな国とも文明的に密接な関係をもっていない。たとえば、アメリカとイギリス、カナダ、オーストラリアのあいだにあるような、またスカンジナヴィア諸国にあるような、あるいは欧州連合の中核諸国にあるような、そして東方正教会系の国々、ラテンアメリカ、アラブ諸国にさえしだいに強まりつつあるような文化的に密接なつながりがないのだ。

共通の文化を分けあっている国々は、高いレベルで信頼しあい、親交を深め、よりたやすく協力しあい、必要な場合にはたがいに支援を与えあう。

第二に、日本が特徴的なのは、最初に近代化に成功した最も重要な非西欧の国家でありながら、西欧化しなかったという点である。西欧化せずに近代化を成しとげることは、一八七〇年代以来の日本の発展の中心的なテーマだった。その結果できあがった社会は、近代化の頂点に達しながら、基本的な価値観、生活様式、人間関係、行動規範においてまさに非西欧的なものを維持し、おそらくこれからも維持しつづけると考えられる社会である。

アメリカと日本は、議論の余地はあるが、世界の主要な社会のうちでも最も近代的である。アメリカはまた日本にとって最良の友であり、唯一の同盟国である。

しかし、この二国の文化は、どちらも近代的だとはいえ、まったく異なっている。二国の相違点は、個人主義と集団主義、平等主義と階級制、自由と権威、契約と血族関係、罪と恥、権利と義務、普遍主義と排他主義、競争と協調、異質性と同質性といったもののあいだの差異として数えあげられてきた。こうした相違点は、いまは小さくなりつつあるかもしれないし、文化的な収斂《しゅうれん》のようなものが起こっているかもしれない。

しかし、差異はいまでも実際に存在する。結果として、私の思うに、アメリカ人は、日本人の考え方と行動を理解するのにまだ困難を感じ、他のどの国の国民よりも日本人とのコミュニケーションをとるのが難しいと思っている。そのために、アメリカと日本との関係は、アメリカがヨーロッパの同盟国とのあいだで築いているような、打ち解けた、思いやりのある親しいものであったことはないし、これからもそういう関係が築けるとは考えにくい。

革命のない日本

第三に、日本の近代化にはもう一つ特徴的な点がある。日本の近代化が革命的な大激動を経験せずに成しとげられたことだ。イギリス、アメリカ、フランス、ロシア、そして中国には革命があったし、ドイツでさえナチズムというかたちで、一種の革命があった。

しかし、日本には革命がなかった。日本の近代化は、上から課された二つの主要な改革の時代——明治維新と米軍による占領——のなかで進められたのである。社会を引き裂くような苦しみと、流血をともなう革命がなかったことで、日本は伝統的な文化の統一性を維持しながら、高度に近代的な社会を築いたのである。

第四に、他の国とのあいだに文化的なつながりがないことから、日本にとっては難題が生じ、また機会がもたらされている。

日本は、なんらかの危機に見舞われた場合、日本に文化的なアイデンティティを感じるという理由で、他の国が結集して支援してくれることを当てにできない。一方で、他の社会と文化的なつながりがないために、他のいかなる国にたいしても文化的な共通性にもとづいて支援をする責任がなく、したがって、自国の独自の権益を思うがままに追求できる。

ほとんどの文明は、私が『文明の衝突』で論じたように、家族のようなものだ。それを構成する国々はそのなかではたがいに争っても部外者にたいしては団結する。日本は、家族をもたない文明である。つまり、日本は他の社会に家族的な義理をもっていないし、他の社会は、アメリカを含めて、日本にたいして家族的な義務を負っていないのである。

中国と日本

東アジアは、多数の文明と、不確実でめまぐるしく変化する力関係が存在する地域である。世界のほとんどの地域には、単一の主要な地域大国が存在する。ところが、東アジアはそうではない。十九世紀半ばまでは、中国が東アジアの覇権を握っていた。今世紀の前半は日本が支配的な大国だったが、後半にはアメリカがこの役割を引き受けた。確実だと思われるのは、中国の経済的発展がこのままつづけば、中国は再びかつての支配的な地位を取り戻そうとすることである。

新しく生まれた主要な地域大国として、中国が潜在的な敵意をもって注目しているのが、第二位の地域大国と超大国のあいだの同盟である。不幸な事実は、日本が東アジアのほとんどの国から信頼されていないこと、そして中国を含めてその多くから恐れられていることだ。

それこそ中国が、アメリカと日本が結ぶ現在のかたちの同盟を進んで認めている一つの理由である。中国が恐れているのは、もしこの同盟が弱まれば、日本の軍事力の増大、日本の技術の優位性、すなわち日本の核兵器に直面するようになることだ。また一方で、アメリカと日本の同盟が強化されれば、それは公然たる反中国の同盟になり、日本のミサイル防衛能力と掃海作業能力の強化につながることも中国は恐れている。

第五に、すでに述べたことだが、今後数年間の主要な分裂線は、支配する文明としての西欧と、挑戦する文明としてのイスラムおよび中国とのあいだに引かれるだろうが、そこで重要な位置にいるのが、揺れる国家としての日本、ロシア、インドである。

現在までのところ、ロシアとインドの態度は曖昧だが、日本はおおむねアメリカおよび西欧に与《くみ》してきた。しかし、この状況が今後もつづくだろうか？　中国の経済的発展がつづけば、中国の政治的な影響力と軍事力もまた成長しつづけるだろう。他の国々と文化的なつながりをもたないために、具体的な国家権益が生じるとなれば、日本はこうした中国の復興にたいして他に気兼ねすることなく好意的な反応を示すだろう。

図表10 ● 日本外交の追随戦略（バンドワゴニング）の変遷

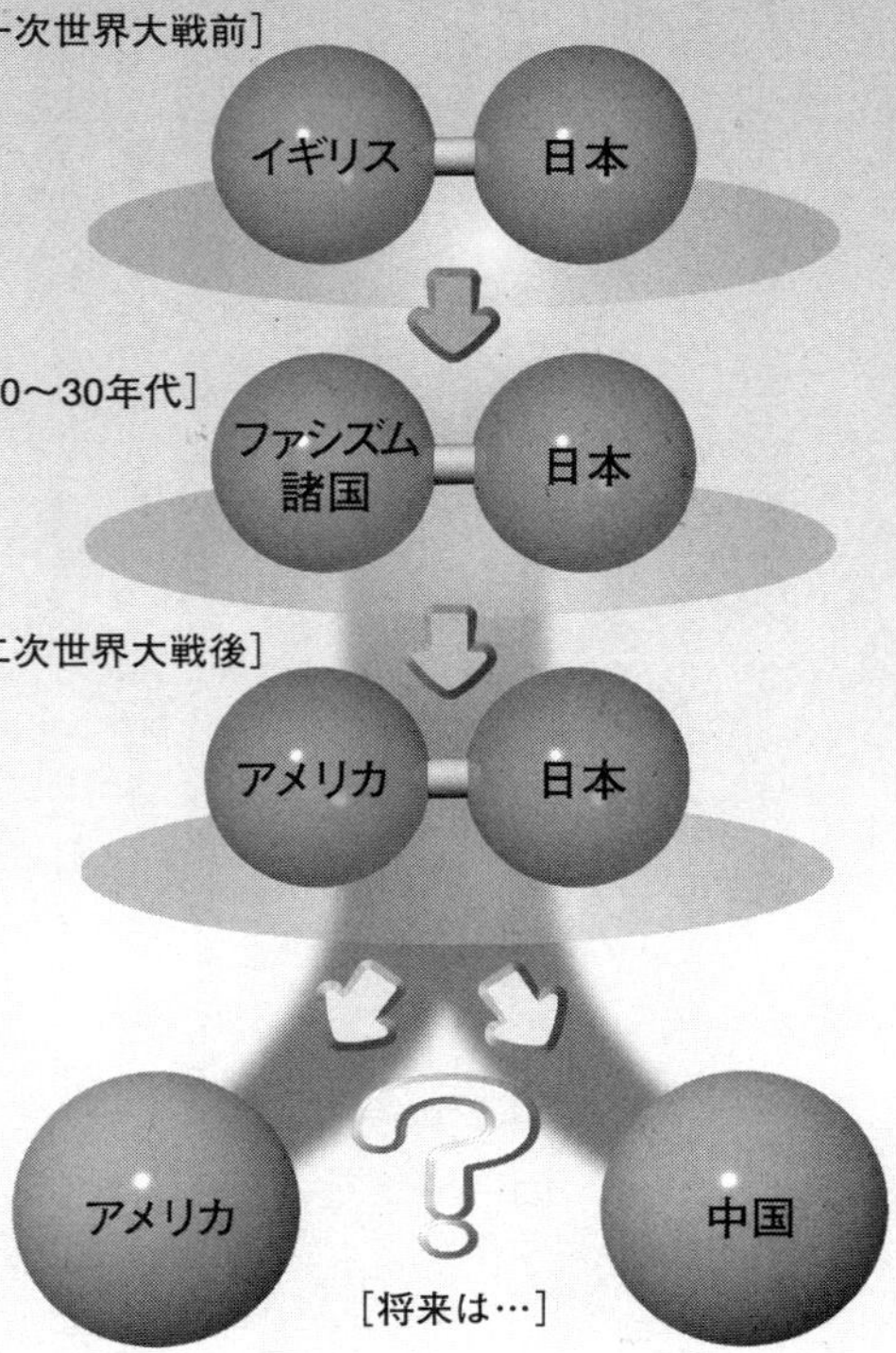

新興勢力に対して他の国家がとる戦略は２つある。「均衡」か「追随」であり、日本は1世紀前に世界の舞台に現れて以来、一貫して勢力のある大国と同盟を組んできた。「追随」である。中国の台頭で、今度は中国と提携する可能性が高い。

中国と日本とアメリカ

国際関係の理論からすると、新興勢力にたいして、他の国家は「勢力の均衡を維持する（バランシング）」か、またはその勢力に「追随する（バンドワゴニング）」か、どちらかの対応策をとる。一世紀前に世界の舞台にあらわれて以来、日本は、一貫してバンドワゴニングの戦略をとり、勢力のある大国と同盟を結んできた。

第一次世界大戦の前には大英帝国と、一九二〇年代と一九三〇年代にはファシズムの強国と、そして第二次世界大戦後にはアメリカと同盟を結んだのである。東アジアの主要な地域大国として中国が台頭し、一方でアメリカが唯一のグローバルな超大国でありつづけた場合、日本は、この二国との関係を比較検討しようとするだろう。

日本の最初の選択は、選択そのものを避けることだろう。そして、アメリカが最終的に唯一の超大国としての支配的な地位を失いそうだと見れば、日本は中国と手を結ぶ可能性が高い。

中国と日本とアメリカにおける三国の相互関係こそ、東アジアの政治の核心である。日本とアメリカの関係は強く、そのまま持続しそうだ。アメリカと中国の関係には難題がつきまとっているが、現在改善されつつある。

この相互関係で最も弱いのは日本と中国とを結ぶ線であり、これはこの二国の将来の相対的な力をめぐる不確実さからくるものだ。両国にとってこれを解決することが何よりも重要である。

東アジアの命運

一〇〇年足らずのあいだに起こった三つの大きな戦争で戦ったあと、ドイツとフランスは協力的な関係を築きあげ、それによって西欧にリーダーシップと安定と豊かさがもたらされた。中国と日本のあいだでこれと匹敵する関係を実現することは、ずっと難しいだろう。文化の違いと相互不信は、ドイツとフランスのそれよりもはるかに大きい。一九三〇年代と一九四〇年代におかした行為にたいして、日本がどこまで、どのような謝罪をすべきかをめぐってなおも論争がつづいている事実が、そのことを端的に示している。二国が完全に和解するには、中国側には寛容が、日本側には歩み寄りが、さらにはアメリカによる後押しが必要だろう。東アジアの将来の平和と幸福は、日本と中国がともに生き、ともに進む道を見つけることにかかっているのである。

孤独な超大国

——パワーの新たな展開

パワーをめぐる国際関係

あの超大国と……

この一〇年間に、世界政治《グローバル・ポリティクス》は二つの点で根本的に変化した。第一は、文化や文明の境界線にそって本質的に再構成されたことであり、その点について、私は『フォーリン・アフェアーズ』誌ならびに『文明の衝突』で詳述した。

第二の点も、やはり『文明の衝突』で指摘してある。すなわち、世界政治はつねに力《パワー》をめぐって展開されるものであり、パワーを追求する戦いにほかならないが、今日の国際関係はそうした重大な面でも変化しつつあるということだ。

冷戦時代の世界では、パワーの構造は基本的に二極体制だったが、現在つくられつつある構造は、それとは非常に異なっている。

いまや世界には一つの超大国しか存在しない。しかし、それは世界が一極支配の体制にあるという意味ではない。一極支配の体制では、一つの超大国が存在するだけで、主要な大国は存在せず、あとは多数の小国ばかりである。

その結果、超大国は重要な国際問題を単独で効果的に解決でき、その他の国々がいかように力を合わせても、超大国のそうした行動を阻止することはできない。

ローマ時代の数世紀間と、中国が東アジアを支配していた時代は、この一極体制に近かった。一方、冷戦時代のような二極体制の場合は、二つの超大国が存在し、その超大国間の関係が国際政治の軸となる。超大国はそれぞれ、同盟関係にある国々を支配し、同盟関係にない国々への影響力を求めて競いあう。

また、多極体制の場合は、多数の大国が拮抗し、世界の流れに応じて協調したり競いあったりする。この場合、重要な国際問題を解決するためには、諸大国が協力しあうことが必要になる。ヨーロッパの政治は、数世紀にわたってこのモデルに近い状態にあった。

一極・多極体制

現在の国際政治は、これら三つのモデルのいずれにも当てはまらない。現状は三つのモデルの混合であり、一つの超大国といくつかの大国からなる「一極・多極体制(uni-multipolar system)」という、これまでにないモデルである。

主要な国際問題の解決には、一つの超大国の行動はもとより、諸大国の協力がつねに必要になる。しかし、一つの超大国は、諸大国が連合して重要な問題への取り組みを求めても、それを拒否することができる。アメリカはもちろん、経済、軍事、外交、イデオロギー、テクノロジー、文化のいずれの領域においても傑出した唯一の国家であり、世界のほとんどすべての地域を勢力範囲におさめて、自らの国益を促進する能力をもっている。

第二のレベルに位置するのは、地域的な大国である。これら諸大国は世界のさまざまな地域で傑出しているが、アメリカほど世界的な規模で自国の利益と力を拡大することはできない。こうした大国に数えられるのは、ヨーロッパにおける独仏連合、ユーラシアにおけるロシア、東アジアにおける中国、そして潜在的には日本、さらに南アジアにおけるインド、南西アジアにおけるイラン、ラテンアメリカにおけるブラジル、アフリカにおける南アフリカとナイジェリアである。

第三のレベルに位置するのは、自国の利益がしばしば地域の大国と対立する、ナンバー・ツーの地域大国である。これに数えられるのは、独仏連合にたいするイギリス、ロシアにたいするウクライナ、中国にたいする日本、日本にたいする韓国、インドにたいするパキスタン、イランにたいするサウジアラビア、ブラジルにたいするアルゼンチンである。

一極支配体制における超大国、すなわち覇権国は、大国からの挑戦を受けることがなく、長期にわたって小国を支配する力を維持するのが普通であり、五世紀のローマや十九世紀の中国がそうだったように、内部の衰退や外部の圧力によって弱体化するまで、その支配はつづく。

多極体制においては、各国は自らが単独の覇権国となった一極体制のほうが好ましいと考えるかもしれないが、ヨーロッパの政治にしばしば見られたように、他の大国がその実現を阻止しようとする。

冷戦時代の二つの超大国は、それぞれ自国の覇権のもとで一極体制が実現することを、明らかに望んでいた。だが、競争の力関係によって、また軍事力で一極体制をつくりだそうとすれば、たがいに壊滅的な事態を招く恐れがあると双方が早い段階で認識したことによって、二極体制は四〇年間もちこたえ、一方の超大国が競争をつづけられなくなるまで維持されたのである。

超大国と地域大国

これらのいずれの体制においても、最も強力な国々はその体制を維持しようとつとめる。だが、一極・多極体制ではその傾向は弱まる。アメリカは、自らが覇権を握る一極体制を明らかに好み、しばしばそのような体制が実在するかのように振る舞う。

一方、諸大国は自分たちの利益を単独で、あるいは集団で追求できる多極体制のほうが好ましいと考え、より強力な超大国による抑圧や強制、強い要求を受けない多極体制を望む。彼らは、アメリカの行動を世界的な覇権の追求と見て、脅威を感じる。その一方で、アメリカの政府当局者は覇権を確立できないことで苛立ちをつのらせる。

こうして、国際関係に力をおよぼす主要な国々は、いずれも現状に満足しなくなる。超大国が一極体制を形成しようとすれば、刺激を受けた諸大国は多極体制の構築に向かうことになる。

実質的にすべての地域大国が、独自の利益の促進をますます主張しつつあり、しかもその利益は、アメリカの利益としばしば対立する。したがって、世界政治は冷戦時代の二極体制から、湾岸戦争に象徴される一時的な一極体制を経て、現在は一極・多極体制が形成される途中である。

この一極・多極体制は、二十一世紀において真の多極体制の時代を迎えるまで、今後一〇年か二〇年つづくと思われる。ズビグニュー・ブレジンスキーが言ったように、アメリカは最初にして最後の、そして唯一の世界的な超大国となるだろう。

アメリカは慈悲深い覇権国ではない

アメリカの覇権主義

アメリカの政府当局者は、世界があたかも一極体制にあるかのように振る舞いがちである。彼らはアメリカの力と美徳を誇り、アメリカは慈悲深い覇権国であると言う。そして、アメリカの原則、習慣、制度は全世界に通じる妥当性をもつと、他の諸国に説教する。たとえばクリントン大統領は、一九九七年のデンヴァー・サミットでアメリカ経済の成功を自賛し、他国の見習うべきモデルであると主張した。また、マドレーン・K・オルブライト国務長官は、アメリカを「かけがえのない国」と呼び、「われわれは自信をもって胸を張っているから、他の諸国よりものがよく見通せる」と述べた。

もちろん、この発言は狭い意味では正しく、グローバルな規模の重要な課題に取り組むうえでは、アメリカの参加が不可欠であることは否定できない。だが、別の意味では正しくない——他の諸国など重要ではなく、英知の源としてアメリカがかけがえのない存在であると暗に示唆している点が間違っている。いかなる問題への対応をめぐっても、アメリカは一部の大国の協力を必要とするからだ。

国務副長官のストローブ・タルボットは、アメリカが「覇権主義」的であると他国から見られている問題を演説で取り上げ、次のように説明した。

「大国の歴史という観点から見て、アメリカは独特なやりかたにより、またこれまでにない規模で、そのパワーを——その偉大さを——示した。アメリカのパワーと偉大さは、他国にたいする支配を確立したり、優位を維持したりする能力にあるのではなく、国際社会全体の利益のために他国とともに努力する能力にある……アメリカの外交政策は、普遍的な価値を促進することを目指している」（傍点はタルボットによる）

「慈悲深い覇権国」というアメリカ側の描く自画像を最も端的にあらわしているのは、ローレンス・H・サマーズ財務副長官の発言である。アメリカは「世界で初めての非帝国主義的超大国」であるという彼の言葉には、アメリカのかけがえのない存在感と美徳とパワーにたいする称賛が表現されている。

アメリカの外交政策

事実、アメリカの外交政策のかなりの部分が、こうした信条によって推進されている。この数年間、アメリカは多かれ少なかれ単独で行動しようと試みるか、あるいはそうしようとしていると見なされてきた。以下にその例を列記しよう。

人権と民主主義に関してアメリカの価値観や習慣を採用するよう他国に圧力をかけ、通常戦力におけるアメリカの優位を脅かすような軍事力を他国がもつことを阻止し、アメリカの法律を他国の社会でも適用させた。

人権、麻薬、テロリズム、核拡散、ミサイル技術拡散、宗教的自由といった点を基準に各国をランクづけし、こうした問題についてアメリカの基準をみたさない国々に制裁措置をとり、自由貿易と市場開放を旗印にアメリカの企業の利益を促進し、世界銀行やＩＭＦ（国際通貨基金）の政策をアメリカ企業の利益のために策定してきた。

自国にとって直接的な利害がほとんどない地域における紛争に介入し、アメリカ経済にとって利益となる経済政策や社会政策を採用するよう他国に強制し、自らの武器輸出は促進する一方で、他国による武器の輸出は阻止しようとした。

ある国連事務総長をそのポストから追い払い、後任人事に介入した。

ポーランド、ハンガリー、チェコ共和国を第一陣としてＮＡＴＯ（北大西洋条約機構）に加盟させるとしながら、他の国は加盟させようとしない。

「大国の歴史という観点から見て、アメリカは独特のやり方とこれまでにない規模で、その偉大さを示した」1991年１月イラク空爆（AP／WWP）

イラクにたいして軍事行動をとり、その後も過酷な経済制裁をつづけ、一部の国を「無法者国家」呼ばわりし、アメリカの意向に従順でないという理由から、それらの国を世界的な機構から締め出している。

軍事介入の限界

冷戦末期とソ連の崩壊後の一時的な一極体制の時代には、アメリカが自らの意思を他国に強制できる場合もしばしばあった。だが、一極体制の時代はすでに過去のものである。現在、アメリカが試みている二つの主な強制手段は、経済制裁と軍事介入である。しかし、経済制裁が効果をあげるのは、他国が制裁に同調する場合だけなのだが、それもしだいに同調されなくなっている。

その結果、アメリカは一方的に経済制裁を発動して、自らの経済的な利益と同盟国との関係を損なうか、あるいはそれを発動しないために、アメリカの弱さを露呈したと見なされるしかなくなる。

アメリカは、比較的安いコストで敵対勢力に空爆を実施したり、巡航ミサイルによる攻撃をしかけたりすることができる。だが、こうした行動だけではあまり成果はあげられない。とはいえ、より本格的な軍事介入のためには、次の三つの条件がみたされなければならない。

第一に、ロシア、中国、フランスが拒否権をもつ国連など、一定の国際機関から正当性を認められること。

第二に、同盟諸国の参加を取りつけること。これはうまくいくかどうかわからない。

そして第三に、アメリカ人の犠牲者がでてはいけないし、実質的に「巻き添え」の民間人犠牲者もでてはいけないことだ。

たとえこの三つの条件をみたす場合でも、軍事介入は国内で批判される恐れがあるだけでなく、海外における政治的な反発を招き、他国民の反感を買う危険がある。

どういうわけか、アメリカの政府当局者にはわからないようだが、アメリカが外国の指導者を非難すればするほど、非難された人物のその国での評価がしばしばうなぎ登りになるというのが実情だ。世界最強の大国に立ち向かったとして称賛されるのである。

アメリカが外国の指導者を悪魔呼ばわりしても、これまでのところ彼らの任期をちぢめることには成功していない。フィデル・カストロ（アメリカの大統領が八人交代するあいだ、ずっと権力の座を守っている）から、スロボダン・ミロシェヴィッチやサダム・フセインにいたるまで、すべての例がそのことを示している。

実際、小国の独裁者が権力を維持しつづける最善の方法は、アメリカを挑発して自分を非難させ、「無法者国家」の指導者とか、世界平和にたいする脅威などと呼ばせることなのだ。

「うわべだけの覇権国」

クリントン政権も議会も国民も、単独で世界のリーダーシップをとることにともなうコストを支払い、リスクを引き受けてもよいとは考えていない。アメリカのリーダーシップを支持する人のなかには、軍事費の五〇パーセント増を主張する者もいるが、これは実現の見込みのない主張だ。アメリカ国民が、覇権を確立するためにさらに労力や資源をつぎ込むべきだと考えていないことは明らかである。

一九九七年の世論調査では、アメリカが世界で主導的な役割をはたしたほうがいいと答えた人はわずか一三パーセントであり、他国と力を共有したほうがいいと回答した人が七四パーセントだった。その他の調査でも、ほぼ同じ結果がでている。メディアによる外国関係の報道が激減したこともあって、国際問題にたいする無関心が国民のあいだに広がっている。

五五～六〇パーセントという世論の大半が、西ヨーロッパやアジア、メキシコ、カナダでの出来事は自分たちの生活にほとんど、あるいはまったく影響をおよぼさないと考えている。

外交政策のエリートたちは、こうした状況を無視したり嘆いたりするかもしれないが、アメリカには一極体制を築くだけの政治基盤が国内に存在しないのだ。アメリカの指導者は繰り返し恫喝《どうかつ》政策をとり、行動を起こすと約束するが、現実にそんなことはできない。その結果が「レトリックと後退」の外交政策となり、「うわべだけの覇権国」という評判が高まるのである。

無法者の超大国

孤立しつつあるアメリカ

アメリカは世界があたかも一極体制であるかのように振る舞っているため、しだいに世界のなかで孤立しつつある。アメリカの指導者たちが絶えず口にするのは、「国際社会《コミュニティ》」のために、という言葉である。しかし、いったい国際社会にどの国を想定しているのだろうか？

中国、ロシア、インド、パキスタン、イラン、アラブ世界、東南アジア諸国連合、アフリカ、ラテンアメリカ、フランス――これらの国々のどれか一つでも、自らが帰属するコミュニティのスポークスマンとしてアメリカを見ているだろうか。アメリカが代弁するコミュニティに含まれるのは、せいぜい次のような国々にすぎない。

すなわち、ほとんどの問題について代弁するのはアングロサクソンの諸国（イギリス、カナダ、オーストラリア、ニュージーランド）、多くの問題についてはドイツとヨーロッパの比較的小規模な民主主義国家、中東問題の一部についてはイスラエル、国連決議の実施については日本である。これらはいずれも重要な国々だが、これだけではグローバルな国際社会とはとても言えないのである。

さまざまな問題について、アメリカは孤立化を強めており、一つか二つ、あるいは三つの国と協力できるだけで、その他の大半の国々を敵対勢力にまわすという状況である。

そうした問題に含まれるのは、国連の分担金、キューバ・イラン・イラク・リビアへの経済制裁、地雷禁止条約、地球温暖化問題、国際戦争犯罪法廷、小火器規制、中東・イラクや旧ユーゴスラヴィアへの武力行使、三五ヵ国を対象にした一九九三年から九六年の新規経済制裁などである。これらをはじめとするさまざまな問題をめぐって、アメリカは国際社会の大部分と反対の立場をとっている。

他国から見たアメリカ

自国の利益がアメリカの利益と一致すると考える国は、減少しつつある。これが顕著にあらわれているのが、国連安全保障理事会における常任理事国の連携関係である。

冷戦が始まって最初の数十年間は、アメリカ、イギリス、フランス、中国の四ヵ国対ソ連という四対一の構図だった。毛沢東の共産党政権が中国の代表権を得ると、三対一対一とい

図表 11 ● 国連安全保障理事会における連携関係の変遷

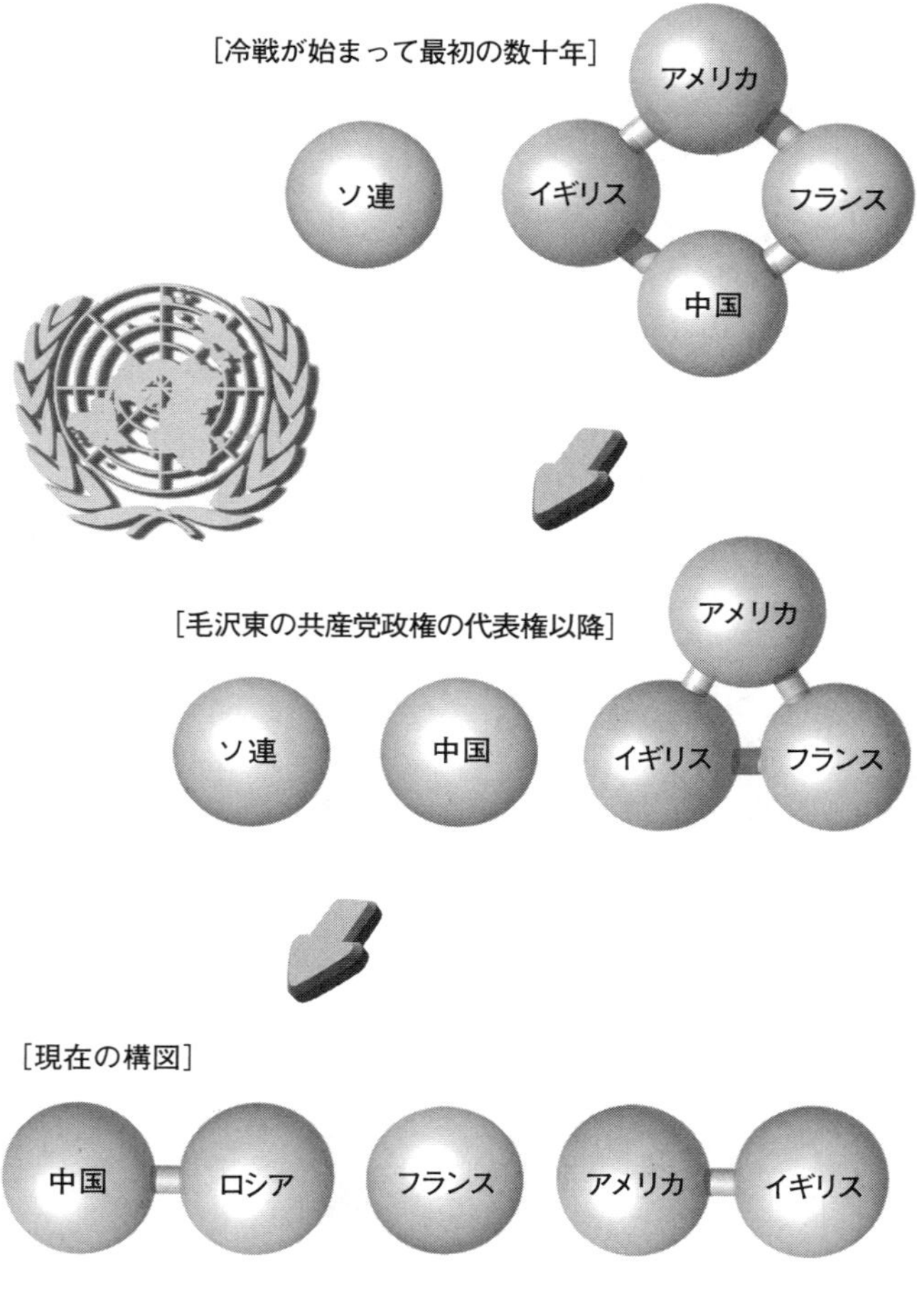

う構図に変わり、中国が中間に位置し、問題に応じてどちらかについた。現在の構図は二対一対二であり、アメリカ、イギリスが中国、ロシアに対抗し、フランスが中間に位置している。

アメリカは定期的にさまざまな国を「無法者国家」呼ばわりするが、多くの国々にとって、いまやアメリカのほうが「無法者の超大国」になりつつある。

日本の著名な外交官である小和田恒元国連大使の指摘によれば、第二次世界大戦後、アメリカは「一方的なグローバリズム政策」を追求して、安全保障、反共主義、開放的な世界経済、開発途上国への支援、より強力な国際機関というかたちで公益を提供してきた。しかし、いまでは「グローバルな一方的政策」を追求して、他国の利益にはほとんど配慮せずに自国の利益の増進をはかっている。

アメリカが孤立主義国家になって世界から手を引くことはないだろうが、世界から孤立して大半の国々と調和できなくなる可能性はある。

一極体制が世界の必然ならば、多くの国はアメリカが覇権国になることを望むかもしれない。だが、そうする主な理由は、アメリカが自分たちの国から地理的に遠く、したがって自分たちの領土を手に入れようとしないだろうと見ているからである。アメリカの力は、ナンバー・ツーの地域大国から見れば、他の大国がその地域を支配するのを抑える要因として評価できるものでもある。

しかし、慈悲深い覇権というのは、あくまで覇権国の自画像にすぎない。「世界がアメリカのリーダーシップを求めているという主張を目にするのは、アメリカ国内においてだけだ。その他の世界では、アメリカは傲慢に一方的政策を遂行していると書かれている」と、イギリスのある外交官は語っている。

アメリカの罪

大半の国々の政治指導者や知的リーダーは、一極体制の世界という展望にたいして頑強に抵抗し、真の多極体制の出現が望ましいと考えている。一九九七年にハーヴァード大学において開かれた会議で報告されたところでは、中国、ロシア、インド、アラブ諸国、イスラム諸国、アフリカという、少なくとも世界の人口の三分の二を占める国々のエリートたちは、アメリカを自分たちの社会にたいする唯一最大の外的脅威と考えている。

彼らは、アメリカを軍事的な脅威とは見なしていないが、自国の領土保全、自治、繁栄、行動の自由を脅かすものとしてとらえている。彼らの目に映じるアメリカは、強引に介入し、搾取し、一方的な政策を遂行して覇権を追求する国、偽善的で二枚舌の国であり、彼らの言う「金融的帝国主義」や「知的植民地主義」の路線をとり、外交政策が国内政治に大きく左右される国なのである。

インドの学者によれば、同国のエリートにとって「アメリカは外交および政治上の大きな脅威である。核、テクノロジー、経済、環境、政治など、インドにとっての懸案のほとんどすべてについて、アメリカは『拒否権』をもつか、あるいは他国を動員して反対させる力をもつ。つまり、アメリカはインドの目標を否定する力をもち、他国を結集してインドに制裁を加えられる国」なのだ。

アメリカの罪は、その「パワー、傲慢さ、強欲さ」である。また、モスクワからの参加者によれば、ロシア人から見るとアメリカは「協調を強制する」政策を遂行しているように見えるという。すべてのロシア人が、「アメリカが覇権とほとんど変わらない支配的なリーダーシップを握る世界」に反対している。

北京《ペキン》からの参加者も、同様の発言をした。中国の指導者の考えでは、平和と安定、そして自国にたいする主な脅威は「覇権主義と力の政治」、すなわちアメリカの政策である。アメリカの政策は、社会主義国家や発展途上国を弱体化させ、その社会に亀裂を生じさせようとするものだと、彼らは見ている。

アラブのエリートは、アメリカを国際関係に有害な勢力と見なし、日本の大衆も一九九七年の世論調査で、アメリカを北朝鮮に次ぐ第二の脅威だと答えている。

こうした反応は当然予想されるものだ。アメリカの指導者は、世界の問題は自分たちの問題だと考えている。一方、他の国々は、自分たちの世界で起きることは自分たちの問題であってアメリカの問題ではないと考え、きわめて率直な反応を示す。

ネルソン・マンデラが言ったように、南アフリカは「自分たちが何を目指すべきか、どの国と友好関係をもつべきかについて」他国が「尊大に指図しても、耳をかさない……特定の一国が世界の警察官の役割をになうことは受け入れられない」のである。

二極体制の世界では、もう一方の超大国から自分たちを護る保護者として、多くの国がアメリカを歓迎した。これとは対照的に、一極・多極体制の世界では、唯一の超大国は他の大国にとって脅威となる。地域大国は、自らの支配する地域にアメリカが介入することは望まない、としだいに表明しはじめている。

たとえばイランは、ペルシア湾におけるアメリカの軍事的プレゼンスに強く反対している。現在アメリカとイランが良好な関係にないのは、イラン革命が原因だが、もしシャー（パーレビ国王）かその息子がイランを統治していたとしても、おそらく両国の関係は悪化したと思われる。ペルシア湾におけるアメリカのプレゼンスを、イランと同地域における自国の覇権にたいする脅威と見なすと考えられるからだ。

柔軟な対応

反覇権連合の形成？

アメリカが唯一の超大国であるという事態に、各国はさまざまな反応を示している。比較的低いレベルでは、恐怖や怒りやねたみが一般的な感情である。したがって、もしアメリカがサダム・フセインやミロシェヴィッチから拒絶されるという屈辱を受ければ、多くの国が「自業自得だ」と考えるだろう。それよりもいくぶん高いレベルでは、怒りは不同意に変わり、同盟国を含む他の国々は、ペルシア湾、キューバ、リビア、イランをめぐって、またアメリカ法の他国への適用、核拡散、人権、貿易政策、その他の諸問題をめぐって、アメリカと協調することを拒むだろう。

不同意が明確な反対に変わり、他国がアメリカの政策を阻止しようとする例も、わずかな

図表12●覇権国と反覇権国の形成

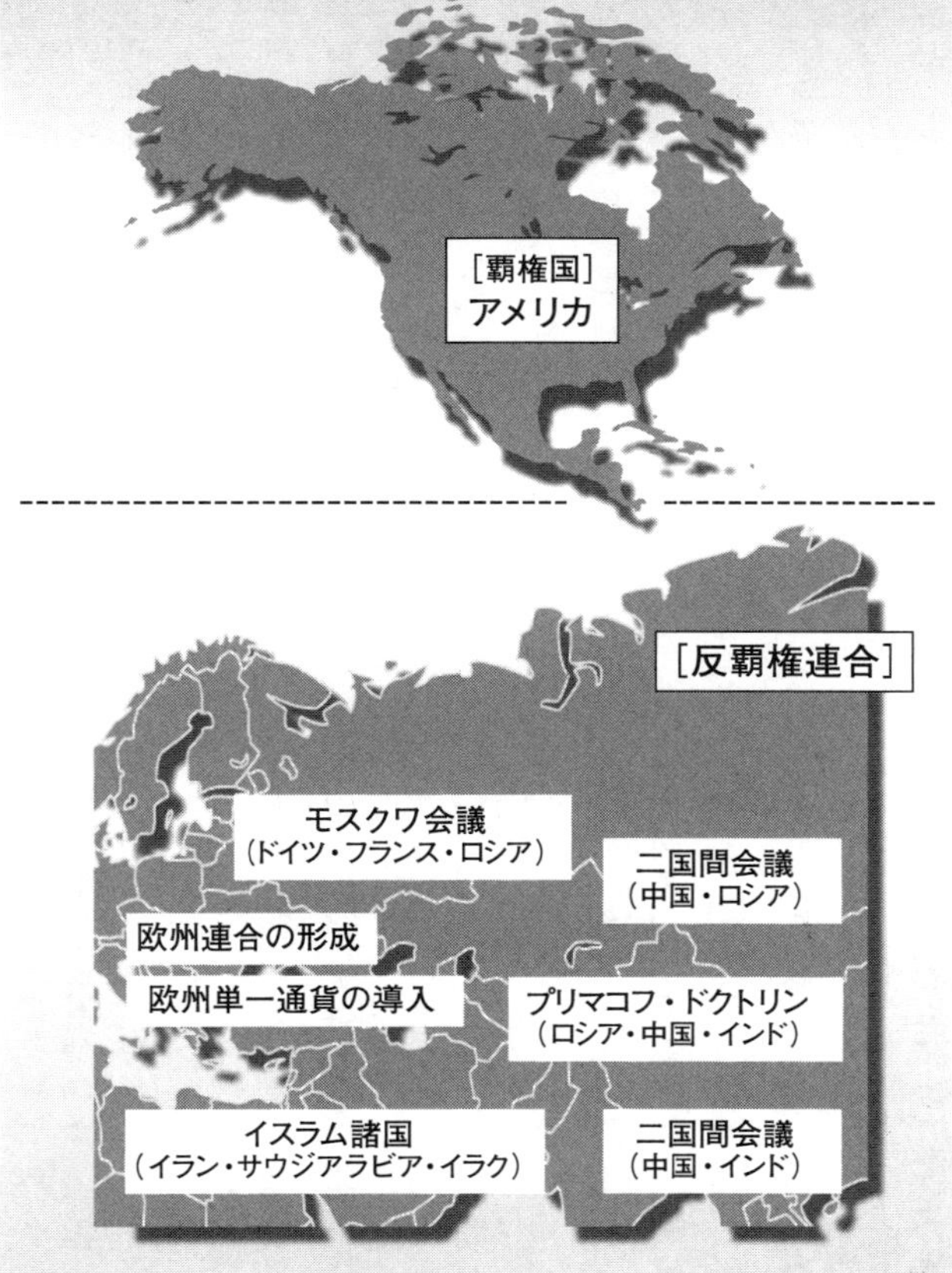

から見られる。

最も高いレベルの反応は、いくつかの大国を含む反覇権連合の形成である。一極体制の世界では、覇権国以外の国々が弱すぎるために、このようなグループの形成は不可能である。こうしたグループが出現するのは、多極体制の世界において、一つの国が強大になりはじめ、多極体制を脅かすほどになった場合だけである。しかし、一極・多極体制の世界では、それもごく普通の現象かもしれない。歴史を通じて、大国のなかの最も強大な国が支配権を握ろうとしたとき、他の大国は連帯してそれに対抗してきたのだ。

すでに一部では、反覇権を軸とする協力体制がつくられつつある。非西欧世界間の関係は、概して改善されつつある。

いくつかの国際会議では、アメリカの不参加が目を引いている。たとえば（アメリカの最も緊密な同盟国であるイギリスをも除外した）ドイツとフランスとロシアの指導者によるモスクワ会議、あるいは中国とロシア、あるいは中国とインドによる二国間会議などだ。さらに、イランとサウジアラビア、イランとイラクの関係も、最近は修復に向かっている。イランが主宰したイスラム諸国会議機構（ＯＩＣ）の会議は、大きな成功をおさめたが、それと時を同じくしてアメリカの後援で開かれたカタールの中東経済開発会議は、悲惨な結果に終

「アメリカは自らのリーダーシップに従った国には、それなりの見返りを与え、制裁から除外する。イスラエルの核兵器のように」(AP／WWP)

わった。

ロシアのエフゲニー・プリマコフ元首相は、ロシアと中国とインドによる「戦略的三角形」の形成をうながし、アメリカに対抗する勢力を築こうとしており、この「プリマコフ・ドクトリン」は、ロシアの政界全体からかなりの支持を集めているという。

しかし、反覇権連合への最も重要な動きが見られたのが、冷戦の終結以前のことであるのは間違いない。そうした動きの結果が、欧州連合の結成と欧州単一通貨(ユーロ)の導入なのだ。

フランスのユベール・ヴェドリヌ外相が述べているように、ヨーロッパは自力で団結してアメリカに対抗する勢力を築き、アメリカによる多極世界の支配を阻止しなければならない。世界の金融におけるドルの覇権にとって、ユーロが重要な対抗手段となるのは間違いない。

協調と便乗のジレンマ

このようにさまざまな反覇権の動きがあるとはいえ、より広い基盤に立って積極的に活動する正式な反米連合は、まだ出現していない。これには、いくつかの理由が考えられる。

第一に、まだ時期が早すぎるのかもしれない。

アメリカの覇権への反応は、時間の経過とともに、怒りや不同意から抵抗や集団的な妨害へと激化するかもしれない。アメリカの覇権の脅威は、過去にヨーロッパの覇権国が行なった軍事的な征服ほど緊迫したものではない。そのため、他の大国は、アメリカの支配に対抗する連合の結成をそれほど急がなくてすむのである。

第二に、各国はアメリカのパワーや富に憤《いきどお》りを感じる一方で、そこから利益を得たいと望んでいる。アメリカは、自らのリーダーシップに従った国には、それなりの見返りを与えるからだ。

たとえば、そのような国にアメリカ市場へのアクセスを認め、対外援助や軍事援助を与えて、制裁から除外する。さらに、(サウジアラビアの人権弾圧やイスラエルの核兵器のように)アメリカの規範からはずれていることも黙認し、国際機関への加盟を後押しし、政治指導者に資金援助したりホワイトハウスを訪問させたりする。また、それぞれの地域大国は、他の地域大国との対立をめぐってアメリカの支援をとりつけることを自己の利益と見なしている。

アメリカが提供できる利益を考えた場合、他の国々のとりうる分別ある態度とは、国際関係の特殊用語で言えば、アメリカのパワーと「バランス」を保とうとすることではなく、アメリカに「便乗する」ことだろう。しかし、アメリカのパワーが低下していくにつれて、アメリカに協力することで得られる利益も減り、同じようにアメリカに対抗するために必要なコストも減るだろう。そのため、将来において反覇権連合が出現する可能性が大きくなる。

第三に、現状での勢力均衡を予想する国際関係論もあるが、それは一六四八年に確立されたヨーロッパのウェストファァリア体制を前提とした理論である。

同体制下のすべての国はヨーロッパ文化を共有していたが、その文化はオスマントルコをはじめとする他の国の文化とはいちじるしく異なっていた。また、同体制下の国々は、国民国家を国際関係の基本単位とし、それぞれの国の規模や富や力が明らかに異なるにもかかわらず、各国の法的・理論的な平等を認めていた。そのため、共通の文化と法的な平等性によって勢力の均衡がうながされ、単独の覇権国の出現を抑えたが、当時もその体制は充分に機能しないことが多かった。

一方、現在の世界政治はさまざまな文化をもつ国々のあいだで展開されている。フランスとロシアと中国は、アメリカの覇権に対抗するという点では利害が一致しているかもしれないが、文化が大きく異なるために、有効な連帯を形成するのは困難だと思われる。

さらに、国民国家の主権の法的平等という概念は、非西欧諸国間の関係では重要な役割をはたしていない。非西欧諸国の社会では、平等よりもむしろヒエラルキーが国家間の自然な関係と見なされている。

国家間の関係における問題の中心は、誰がナンバー・ワンで、誰がナンバー・ツーなのかということである。一九五〇年代末に中国とソ連の同盟が崩壊したが、少なくともその一つの要因は、毛沢東がクレムリンにいるスターリンの後継者たちにたいしてナンバー・ツーの役割を演じるのを拒んだことだった。

同様に、現在の中国とロシアが反米連合を形成するにあたって障害になっているのは、人ロも経済力もはるかに勝る中国のジュニア・パートナーになることを、ロシアがためらっていることである。文化の違いやねたみや対抗意識ゆえに、諸大国が連合して超大国に対抗するのは困難だろう。

第四に、超大国と地域大国との対立は、超大国が大国に干渉してその行動を制限したり、阻止したり、規定したりすることが主な原因となって生じる。一方、ナンバー・ツーの地域大国にとっては、超大国の干渉はナンバー・ワンの地域大国に対抗するときのよりどころとなる。

こうして、超大国とナンバー・ツーの地域大国は、つねにとは言わないまでも、しばしばナンバー・ワンの地域大国への対抗という利害を共有するため、ナンバー・ツーの大国は、超大国に対抗する連合に加わる動機をほとんどもたなくなる。

孤独な保安官

パワーと文化の相互作用

今後は、パワーと文化の相互作用によって、国家間の同盟や敵対のパターンが決定されるだろう。

文化の面から見れば、協調関係が生まれやすいのは文化を共有する国家間であり、敵対関係が生じやすいのは文化がいちじるしく異なる国家間である。パワーという点では、アメリカとナンバー・ツーの地域大国は、それぞれの地域における大国の支配を限定することに共通の利益をもつ。

アメリカが日本との軍事同盟を強化し、日本の軍事力の適度な増強を支援することによって中国を牽制したのは、その具体例である。アメリカとイギリスとの特別な関係は、ヨーロッパの統合によって生じたパワーにたいする対抗勢力となっている。さらに、アメリカはウクライナと緊密な関係を築くことで、ロシアの勢力拡大を阻止しようとしている。

ブラジルがラテンアメリカにおける支配的な国家として浮上すると、アメリカはアルゼンチンとの関係を大幅に改善させ、アルゼンチンをNATOの域外同盟国に指名した。また、アメリカはサウジアラビアと緊密に協力し、ペルシア湾におけるイランのパワーに対抗しており、南アジアではそれほどうまくいっていないものの、パキスタンと協力してインドにたいするパワーのバランスを保とうとしている。

これらすべてのケースにおいて、他国との協調は地域大国の影響力を封じ込めるという共通の利益にかなっている。

こうした力《パワー》と文化の相互作用によって、アメリカと主な地域大国との関係は——欧州連合およびブラジルとの関係はそれほどでもないが——困難になると予想される。

他方、アメリカはすべてのナンバー・ツーの地域大国と、適度に協調的な関係を築かなければならないが、同様の文化をもつナンバー・ツーの地域大国（イギリス、アルゼンチン、おそらくはウクライナも）との関係は、異なる文化の地域大国（日本、韓国、サウジアラビア、パキスタン）との関係よりも緊密になる。

最後に、同様の文明に属する地域大国とそれに次ぐ地位の大国（欧州連合とイギリス、ロシアとウクライナ、ブラジルとアルゼンチン、イランとサウジアラビア）との関係は、異なる文明に属する国家（中国と日本、日本と韓国、インドとパキスタン、イスラエルとアラブ諸国）のあいだの関係ほど敵対的ではないはずである。

アメリカの選択肢

一極・多極体制の世界は、アメリカの政策にとってどのような意味をもつだろうか？

第一に、アメリカ人は世界が一極体制であるかのように行動したり発言したりするのはやめるべきだ。世界は一極体制ではない。世界の重要な問題に対処するためには、アメリカは少なくともいくつかの大国の協力を必要とする。一方的な制裁や介入は、外交政策の破綻を招くだけだ。

第二に、アメリカの指導者は慈悲深い覇権国という幻想を捨て、自国の利益や価値観が他の国々のそれとおのずから一致するという考えは、捨てなければならない。実際はそうでないからだ。アメリカの行動が公共の利益を促進し、広く受け入れられる結果を招く場合もあるかもしれない。だが、そうならないことのほうが多い。それは、アメリカの政策が独特な倫理基準をもつからでもあり、またアメリカが唯一の超大国であるために、アメリカの利益が他の国々の利益と必然的に異なるからでもある。だからこそ、アメリカは特異な存在となるのだが、他の諸国から見れば慈悲深い覇権国ではなくなるのである。

第三に、アメリカは一極体制の世界をつくることはできないが、現実の国際秩序における唯一の超大国としての地位や資源を利用して、他国の協力をうながし、自国の利益にかなうやりかたで世界の問題に対処すれば、アメリカの国益となる。このためには、ジョゼフ・ジョフルの推奨したビスマルクばりの戦略が必要になるが、それを実行するためにはビスマルク並みの才能も必要であり、いずれにしてもこの戦略を無限につづけることはできない。

第四に、パワーと文化の相互作用は、ヨーロッパとアメリカとの関係において特別な意味をもつ。パワーは対立をうながし、共通の文化は協調をうながす。アメリカが重要な目的を達成できるかどうかは、おおむね対立よりも協調をもたらすことができるかどうかにかかっている。

アメリカの外交政策が成功するかどうかはヨーロッパとの関係にかかっており、イギリスが親米的、フランスが反米的であることを考慮すれば、ドイツとの関係が対ヨーロッパ関係の鍵となる。ヨーロッパとの健全な協力関係は、超大国アメリカの孤立を防ぐための最も重要な手段である。

ネルソン・マンデラ南ア大統領（写真・右）（AP／WWP）

世界の警察官をやめる

ブルッキングス研究所のリチャード・ハースは、アメリカは世界の保安官として行動し、重要な国際問題が生じたときには、他の国々の「民兵隊」を召集して処理するべきだと主張している。ハースはブッシュ政権で湾岸危機に対処した人物であり、サダム・フセインをクウェートから追い出すために世界の多様な軍隊を結集することに成功した同政権の経験が、彼の提案には反映されている。

だが、当時は一極体制が一時的に出現した時期だった。当時の出来事は、一九九八年冬のイラク危機とは劇的な対照をなす。一九九八年の危機では、フランスとロシアと中国が武力行使に反対し、アメリカは世界の軍隊ではなく、アングロサクソンの軍隊を結集しただけだった。

また、一九九八年十二月、アメリカとイギリスによるイラクへの空爆はかぎられた支持しか受けず、批判のほうが大きかった。最も顕著なのは、アラブ諸国のなかで空爆を支持する国は、クウェートも含めて一国もなかったことだ。サウジアラビアは、アメリカが同国に配備している戦闘機を使用することを認めなかった。

今後、世界の軍隊を動員しようとする試みは、一九九〇年から九一年にかけて起こったことよりも、一九九八年に起こったことに近い状況になるだろう。ネルソン・マンデラが言ったように、ほとんどの国々はアメリカが世界の警察官の役割をはたすことを望んでいないのである。

多極体制が出現するにつれ、アメリカは世界の保安官という役割をはたすかわりに地域の治安維持につとめるのが妥当であり、それぞれの地域における秩序の維持には、その地域の大国が第一に責任を負うようにするべきだ。ハースはこうした考えを批判し、地域における他の国々、すなわち私がナンバー・ツーの地域大国と呼ぶ国々は、主要な地域大国による治安維持に反対するだろうと述べている。

私も示唆したとおり、たしかに彼らの利害はしばしば対立する。しかし、同様の緊張関係は、アメリカと主要な地域大国とのあいだにも当てはまると思われる。

地域の大国による秩序の維持が可能ならば、アメリカが責任を負う必要はないのである。地理と文化は完全に一致するわけではないが、地域と文明はかなり重なりあう。私が『文明の衝突』で指摘した理由から、一つの文明における中核国は、その文明圏の国々の秩序を、文明圏外の国がするよりもうまく維持できる。

アフリカや東南アジアなどの地域、そしておそらくはバルカンにおいても、各国は共同して安全保障の維持のための手段を模索しはじめているようだ。そのため、アメリカの介入は限定され、中東や南アジアなど、異なる文明をもつ主要国間の紛争に備える程度になるかもしれない。

多極化する二十一世紀の世界では、諸大国は合従《がっしょう》連衡《れんこう》を繰り返しながら競争し、衝突し、連合していくにちがいない。だが、そのような世界では、一極・多極体制の世界の特徴である超大国と諸大国との緊張や対立はなくなる。そのため、アメリカにとっては、多極体制の世界における大国の一つとなるほうが、唯一の超大国であったときよりも要求されるものは少なく、論争も減り、得るものは大きくなるだろう。

文明の衝突

——多極・多文明的な世界

多極化・多文明化する世界

冷戦後の世界

冷戦後の世界において、歴史上初めて世界政治が多極化し、多文明化した。人類の誕生以来ほとんどいつの時代も、文明間の接触は断続的であるか、あるいは皆無だった。やがて西暦一五〇〇年ごろ、近代の幕開けとともに世界政治は多面的になりはじめた。それから四〇〇年以上ものあいだ、西欧の国民国家――イギリス、フランス、スペイン、オーストリア、プロイセン、ドイツなど――は、西欧文明のなかだけで多極的な国際関係を築き、相互に影響しあい、競いあい、また戦ってきた。同時に、西欧諸国は他の文明にまで領土を拡大し、よその土地を征服して植民地化し、すべての異文明に決定的な影響をおよぼした（図表1）。

冷戦のあいだ、世界政治は二極化して、世界は三つの文明に分かれた。合衆国を先頭に一部を除いて豊かな民主主義社会からなるグループは、ソ連を中心とするやや貧しい共産主義社会のグループを相手に、イデオロギーや政治・経済面だけでなく、ときには軍事面でも多面的な競争をつづけてきた。実際にその闘争の場となったのは、たいていこの二つの陣営の外の第三世界で、そこの国々は往々にして貧しく、政情が不安定で、独立してまもなく、いずれの陣営にも与《くみ》しないと主張していた（図表2）。

一九八〇年代末に共産主義世界が崩壊し、冷戦という国際関係は過去のものとなった。冷戦後の世界では、さまざまな民族のあいだの最も重要な違いは、イデオロギーや政治、経済ではなくなった。文化が違うのだ。民族も国家も人間が直面する最も基本的な問いに答えようとしている。「われわれはいったい何者なのか」と。そして、その問いに答えるために、人類がかつてその問いに答えてきたのと同じように、自分たちにとって最も重要な意味をもつものをたよりにする。

人びとは祖先や宗教、言語、歴史、価値観、習慣、制度などに関連して自分たちを定義づける。たとえば、部族や人種グループ、宗教的な共同社会、国家、そして最も広いレベルでは文明というように、文化的なグループと一体化するのだ。人びとは自分の利益を増すためだけでなく、自らのアイデンティティを決定するためにも政治を利用する。人は自分が誰と異なっているかを知って初めて、またしばしば自分が誰と敵対しているかを知って初めて、自分が何者であるかを知るのである。

図表13●主な言語の分布（世界人口に占める比率 %*）

言語	1958年	1970年	1980年	1992年
アラビア語	2.7	2.9	3.3	3.5
ベンガル語	2.7	2.9	3.2	3.2
英語	9.8	9.1	8.7	7.6
ヒンディー語	5.2	5.3	5.3	6.4
マンダリン語	15.6	16.6	15.8	15.2
ロシア語	5.5	5.6	6.0	4.9
スペイン語	5.0	5.2	5.5	6.1

＊100万人以上の人によって使われている言語を話す人の数。

出典：シアトルのワシントン大学心理学部のシドニー・S・カルバート教授が編纂した資料からパーセント値を計算したもの。100万人以上の人によって使われている言語を話す人の数のデータは、毎年『World Almanac and Book of Facts』に発表されている。教授の推計には「母語」と「非母語」を話す人が含まれ、人口調査、住民のサンプル調査、ラジオ・テレビの放送の調査、人口動態調査、間接的調査その他をもとにデータを導きだしている。

図表14●主な宗教の人口比（%）

宗教	1900年	1970年	1980年	1985年（推計）	2000年（推計）
西欧キリスト教	26.9	30.6	30.0	29.7	29.9
東方正教会	7.5	3.1	2.8	2.7	2.4
イスラム教	12.4	15.3	16.5	17.1	19.2
無宗教	0.2	15.0	16.4	16.9	17.1
ヒンドゥー教	12.5	12.8	13.3	13.5	13.7
仏教	7.8	6.4	6.3	6.2	5.7
中国民間宗教	23.5	5.9	4.5	3.9	2.5
部族信仰	6.6	2.4	2.1	1.9	1.6
無神論	0.0	4.5	4.5	4.4	4.2

出典：David B. Barrett,ed., World Christian Encyclopedia : A comparative stndy of churches and religions in the modern world A.D. 1900-2000（Oxford University Press,1982）（邦訳『世界キリスト教百科事典』教文館刊）

図表15●世界の主要文明圏の人口・1993年（単位1000人）

中　国	1,340,900	ラテンアメリカ	507,500
イスラム	927,600	アフリカ	392,100
ヒンドゥー	915,800	東方正教会	261,300
西　欧	805,400	日　本	124,700

出典：Encyclopedia Britannica, 1994 Book of the Year（Chicago: Encyclopedia Britannica, 1994）, pp. 764-69.

民族と文明による政治ブロック

国民国家はいぜんとして国際問題の主役を演じている。国民国家の行動を方向づけているのは、昔から変わらず権力と富の追求ではあるが、文化的な嗜好や共通の特徴、あるいは相違点も方向づけの要因となっている。現在、国家をグループ分けする場合に最も重要なのは、冷戦時代の三つのブロックではなく、むしろ七つ（中国、日本、インド、イスラム、西欧、東方正教会、ラテンアメリカ）あるいは八つ（上記にアフリカ文明を加える）を数える世界の主要文明である（図表3）。

この新しい世界において、地域の政治は民族中心の政治に、また世界政治は文明を中心とする政治になる。超大国同士の抗争にとってかわって、文明の衝突が起こるのだ。

この新しい世界で最も幅をきかせているきわめて重要かつ危険な対立は、社会の階層や貧富の差などをはじめとする経済的な身分の異なる者同士のあいだで起こるのではなく、異なる文化的な統一体に属する人びとのあいだで起こるだろう。

部族戦争や民族的対立は文明の内部でも起こるだろう。しかし、文明の異なる国家やグループのあいだで暴力闘争が起これば、それはエスカレートする可能性がある。同じ文明に属

図表16●各文明の政治的支配下にある領域 1900ー1993年

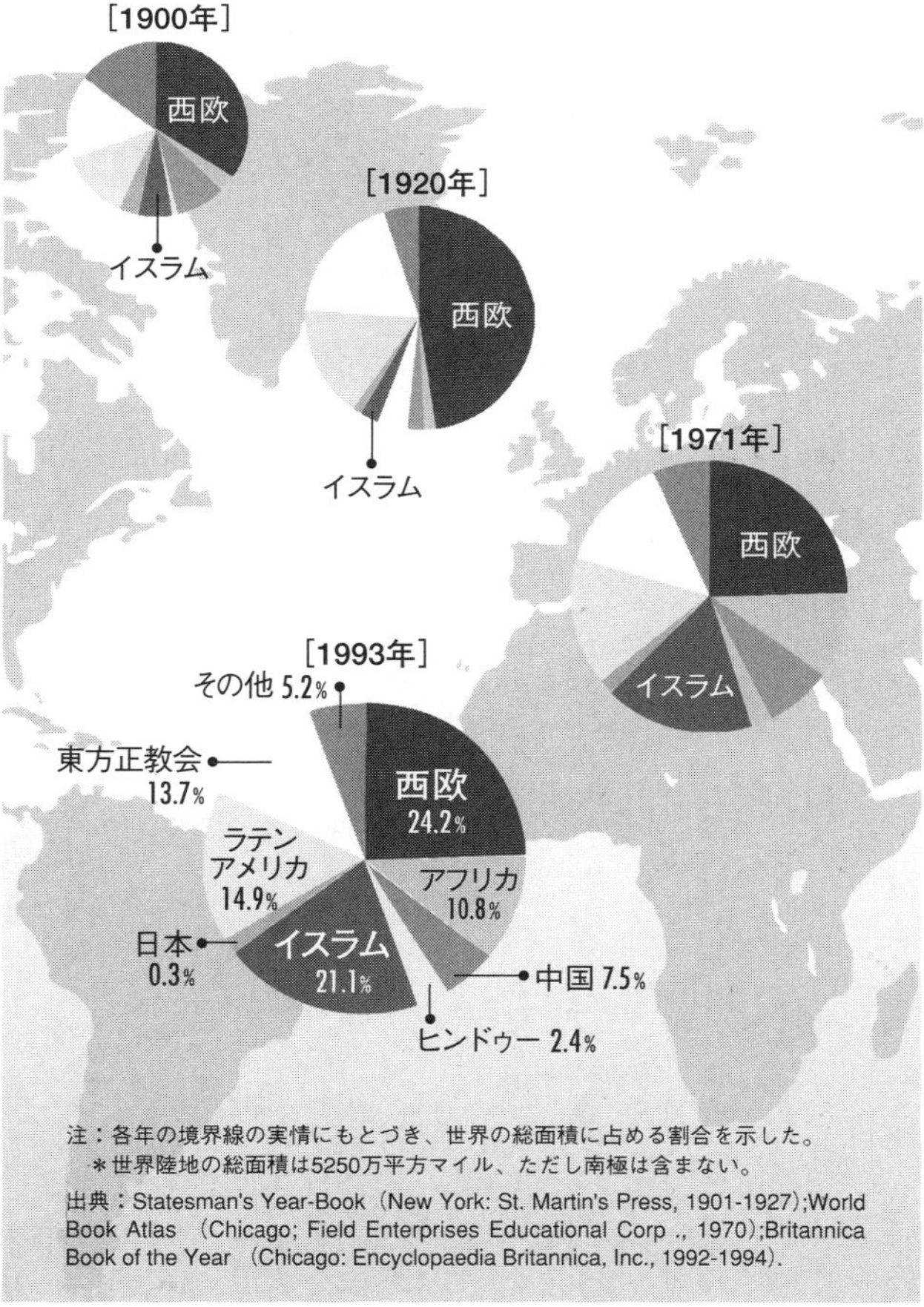

注：各年の境界線の実情にもとづき、世界の総面積に占める割合を示した。
＊世界陸地の総面積は5250万平方マイル、ただし南極は含まない。

出典：Statesman's Year-Book（New York: St. Martin's Press, 1901-1927);World Book Atlas （Chicago; Field Enterprises Educational Corp ., 1970);Britannica Book of the Year （Chicago: Encyclopaedia Britannica, Inc., 1992-1994).

する他の国家やグループが力を合わせて「同類国」を支援するからである。ソマリアの部族同士が衝突して流血の惨事にいたっても、紛争が拡大する恐れはない。ルワンダにおける部族の激しい対立でも、影響をこうむるのはウガンダ、ザイール、ブルンディくらいで、それ以上の地域に広がることはない。

だが、ボスニア・ヘルツェゴビナで文明が激しく衝突すれば、カフカース山脈地方や中央アジアあるいはカシミール地方を巻き込む大規模な戦争に発展する恐れがある。旧ユーゴスラヴィアにおける紛争では、ロシアがセルビア人に外交上の支援をし、サウジアラビア、トルコ、イラン、リビアはボスニア人に資金と兵器を提供したが、それはイデオロギーや武力外交、あるいは経済的な利益のためではなく、文化的な血縁意識のためであった。

チェコの大統領ヴァーツラフ・ハヴェルは「文化と文化の対立が増加している」と述懐して、「今日それは歴史上かつてないほどの危険性をおびている」と言った。また、フランスの政治家で元ＥＣ委員長のジャック・ドロールも「未来の紛争は経済やイデオロギーではなく、文化的な要因によって誘発されるだろう」と認めている。そして、最も危険な文化の衝突は、文明と文明の断層線にそって起こる。

冷戦後の世界において、文化は分裂を生みだす力であり、また統合をうながす力でもある。

二つのドイツが統一を実現し、二つの朝鮮や二つの中国がそうした動きを示し始めているように、イデオロギーによって引き裂かれていても、文化的に一体感をもつ人びとが連帯する。

逆に、イデオロギーや歴史的な事情から統一されていても、異なる文明に属する社会は旧ソ連や旧ユーゴスラヴィアやボスニア・ヘルツェゴビナのように分裂するか、ウクライナやナイジェリア、スーダン、インド、スリランカなど多くの国々のように激しい緊張にさらされる。文化的に類似する国々は経済的にも政治的にも協力しあう。たとえば、欧州連合（EU）のように文化的に共通点のある国々を基盤とする国際機関は、文化の境界を越えようとする機構よりもはるかにうまくいく。四五年のあいだ、鉄のカーテンはヨーロッパを二分する主要な境界線だった。その境界線は、いまや数百マイル東に移って、一方では西欧のキリスト教系民族と、もう一方のイスラムおよび東方正教会派の民族とを分けている。

文化の相違と宗教

哲学上の仮説やその根底にある価値観、社交的な関係、生活習慣、全般的な人生観などは、文明によっていちじるしく異なる。世界各地における宗教の復活によって、こうした文化の相違はさらに補強されている。文化は時代によって変化することがあり、それが政治や経済におよぼす影響の本質も変化することがある。

だが、文明によって政治や経済の発展に大きく差がでる理由の根底には、明らかに文化の違いがある。東アジアの経済的な成功の源泉には、東アジアの文化があり、同じく東アジアの社会が安定した民主的政治制度を確立できないのも、その文化ゆえなのだ。

イスラム文化を見れば、イスラム世界で民主主義が生まれない理由がおおよそ説明できる。共産主義を脱した東欧や旧ソ連の社会は、それぞれの文明の独自性をもとにかたちづくられている。西欧のキリスト教的伝統をもった国々は経済成長と民主政治を目指して進んでいる。東方正教会派の国々における経済および政治の発展は、見通しがさだかではない。イスラム系共和国の場合、その見通しは暗い。

西欧文明は、現在はもちろん、今後数十年のあいだも最も強力な文明でありつづけるだろう。だが、他の文明にたいする相対的な力は衰えつつある。西欧が自分の価値観を主張し、利益を保護しようとつとめると、非西欧社会は選択を迫られることになる。なかには西欧を見習おうとし、また西欧の仲間入りをしようとし、あるいはその勢力に「便乗」しようとする社会もある。

図表17●西欧文明と非西欧文明の相互作用の変化

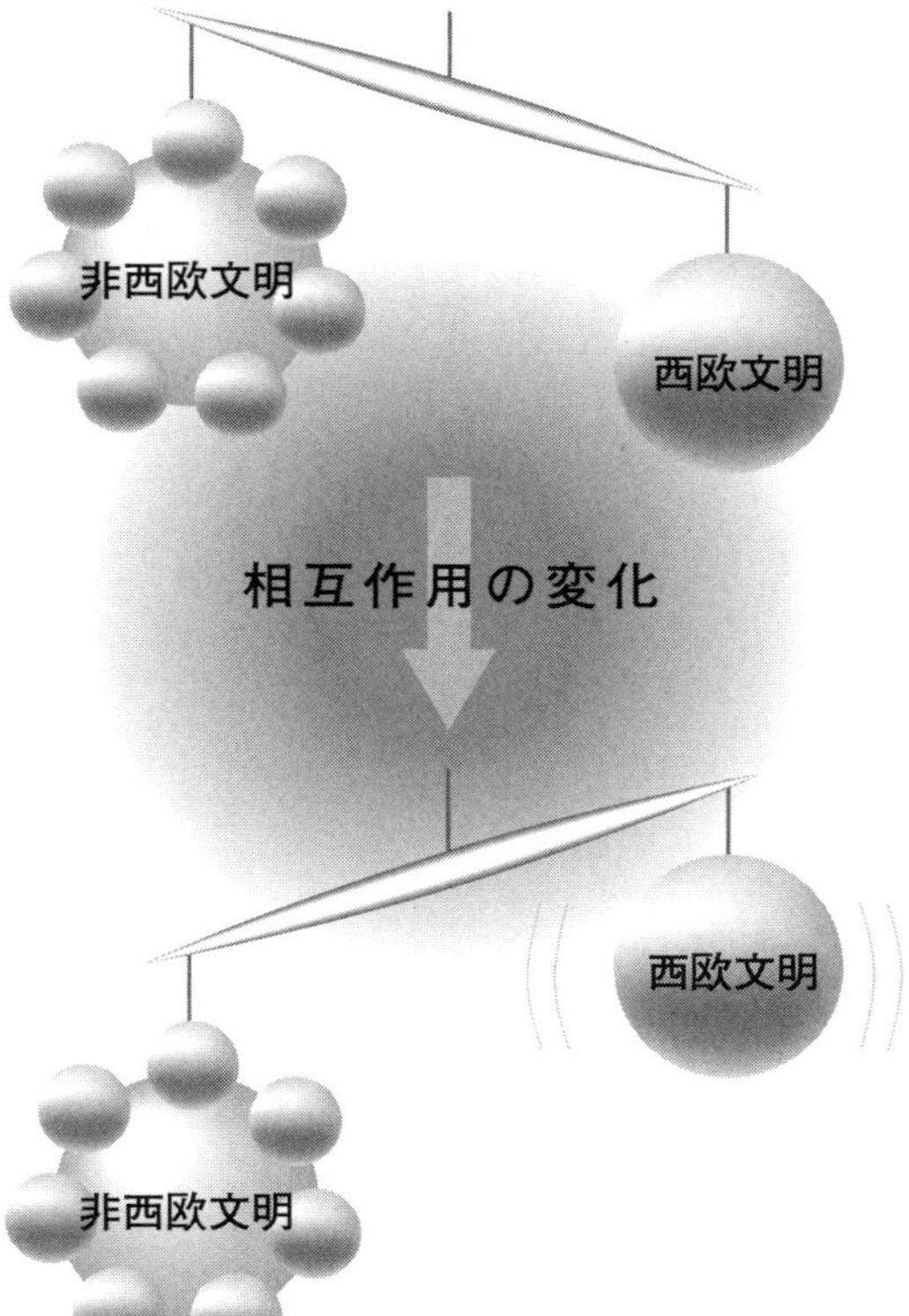

西欧文明の他の文明にたいする相対的な力は衰えつつある。中華文明やイスラム社会は経済力と軍事力を強化して、西欧と「バランス」をはかろうとする。冷戦後の世界の中軸をなすのは西欧文明と非西欧文明のパワーと文化の相互作用なのである。

ほかの中華文明やイスラム社会は自分たちの経済力と軍事力を強化し、西欧に抵抗して、西欧との「バランス」をはかろうとする。このように、冷戦後の世界の中軸をなすのは、西欧文明の力《パワー》と文化、ならびに非西欧文明の力《パワー》と文化の相互作用なのである。

まとめると、冷戦後の世界は七つあるいは八つの主要文明の世界である。文化の共通点と相違点から、国家の利益や敵対関係、もしくは協力関係がかたちづくられる。世界で最も重要な国々は圧倒的に異なる文明からあらわれてくるようになる。地域紛争のなかでも広範な戦争にエスカレートする恐れが強いのは、文明を異にするグループや国家のあいだの紛争である。政治や経済が発展していくときの主なパターンは、文明によってさまざまである。国際問題の重点は文明の違いにかかわっている。長期にわたって支配的だった西欧文明から、非西欧文明へと、力《パワー》は移行しつつある。国際政治は多極化し、かつ多文明化したのである。

文明の性質

単数形の文明・複数形の文明

人類の歴史は文明の歴史である。それ以外の見かたで人類社会の発展を考えることはできない。歴史は古代シュメールやエジプトの文明から古代ギリシア・ラテン、中央アメリカの文明へ、さらにはキリスト教やイスラム教の文明へと何世代もの文明を経て、なお連綿とつづく中国文明やヒンドゥー文明を通じてつながってきた。

有史以来、文明は人びとに最も広い意味でのアイデンティティを与えてきた。その結果、文明の起源や出現、興隆、相互作用、成功、衰退、滅亡が、卓越した歴史家や社会学者や人類学者によって詳細に研究されてきた。

これらの学者をはじめとする著述家は膨大な知識にあふれ、精緻な論文で文明の比較分析を行なった。そのような文献に見られる観点、方法論、焦点、概念は多種多様である。だが、文明の性質、アイデンティテ

図表18●文明のレベルと発展段階

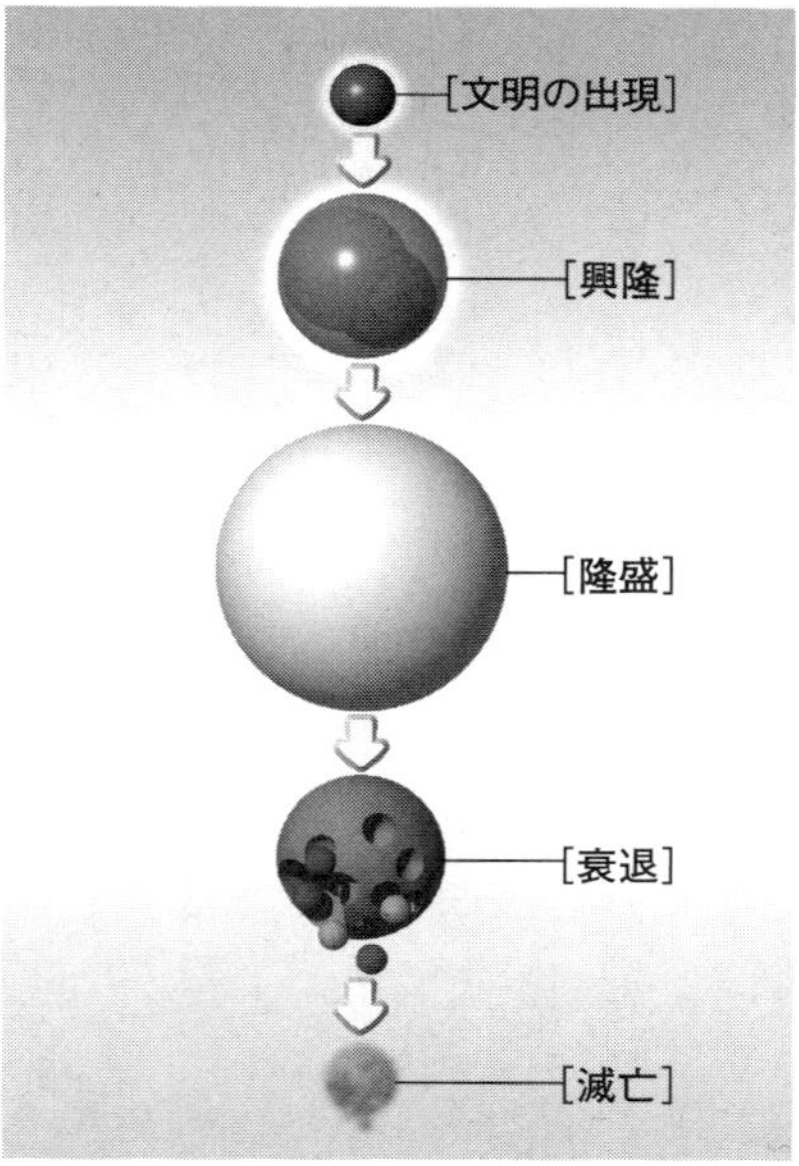

文明は滅びる運命にあるが、きわめて長命である。
「文明は何よりも長い物語なのである」

ィ、変遷に関する中心的な主張はおおむね一致している。

第一に、単数形の文明と複数形の文明ははっきりと区別される。

文明という考え方は、十八世紀フランスの思想家によって「未開状態」の対極にあるものとして展開された。文明社会が原始社会と異なるのは、人びとが定住して都市を構成し、読み書きができるからだった。文明化することは善であり、未開の状態にとどまることは悪だった。文明という概念から社会を判断する基準が生まれ、十九世紀を通じてヨーロッパでは知識人や外交官および政治家がエネルギーを傾けて文明社会の基準をつくり、非西欧社会が充分に「文明化して」、ヨーロッパが支配する国際社会の一員として認めうるかどうかを判断したのである。

しかし、それと同時に、人びとはしだいに複数形の文明について語るようになった。ということは、「一つの理想、というよりは唯一の理想と定義される文明を放棄する」ことであり、文明化の基準はただ一つ、ブローデルの言葉をかりると「ごく少数の特権的な民族や集団、人類の『エリート』だけの」ものだとする仮説から離れることを意味していた。

むしろ、世界にはいくつもの文明があって、それぞれに独自のやりかたで文明化していたのだ。要するに、単数形の文明は「その優越性をいくらか失い」、複数形で語る場合のある

図表19●単数形としての文明の考え方

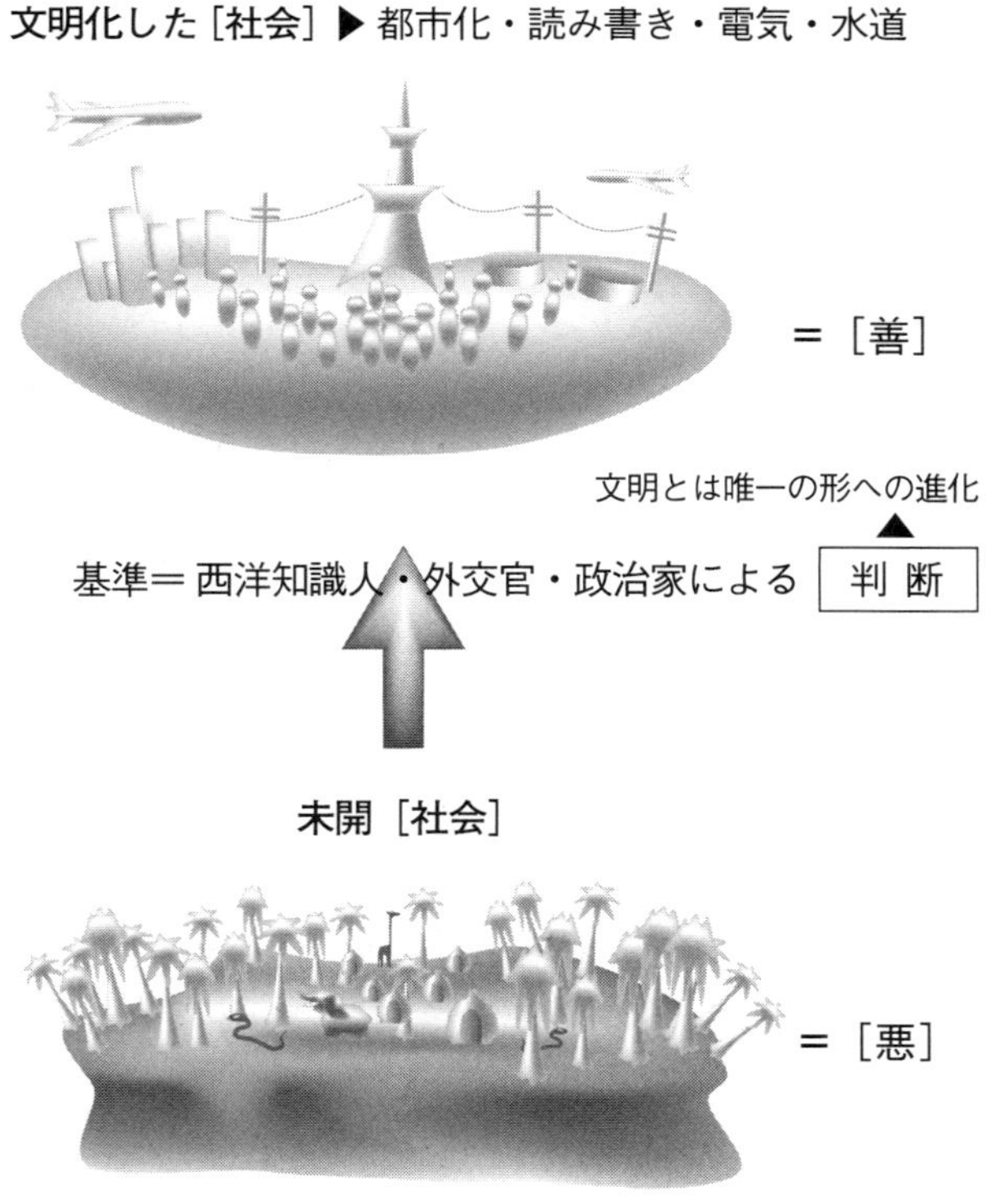

文明という考え方は18世紀フランスの思想家によって「未開状態」の対極にあるものとして展開された。文明化することは善であり、未開の状態にとどまることは悪だった。19世紀、ヨーロッパでは文明社会の基準をつくり、非西欧社会を判断した。

文明は、単数形で考えた場合にはまったく文明化していないということになりうる。

第二に、文明は文化の総体だとされているが、ドイツではそうではない。十九世紀ドイツの思想家は文明と文化をはっきりと区別して、文明は機械、技術、物質的要素にかかわるものであり、文化は価値観や理想、高度に知的・芸術的・道徳的な社会の質にかかわるものだとした。

この区別のしかたは、ドイツ思想界には根づいたが、それ以外の場所では受け入れられなかった。一部の人類学者は二者の関係を逆転して、文化を原始的で変化のない非都会的な社会の特徴と考え、それにたいして、複雑なかたちで発達し、活気ある都会的な社会を文明だと考えた。

だが、このように、文明と文化を区別しようという動きは一般受けせず、ドイツ以外は、「ドイツのように文化をその土台である文明と切り離したいと願うのは欺瞞だ」というブローデルの意見に全面的に賛成している。

文明と文化は、いずれも人びとの生活様式全般を言い、文明は文化を拡大したものである。いずれも「価値観、規範、社会制度、ある社会で何世代にもわたって最も重要視されてきた思考様式」を含んでいる。ブローデルにとって、文明とは「ある空間、『ある文化の領域』

図表20●19世紀ドイツの思想家による文明観

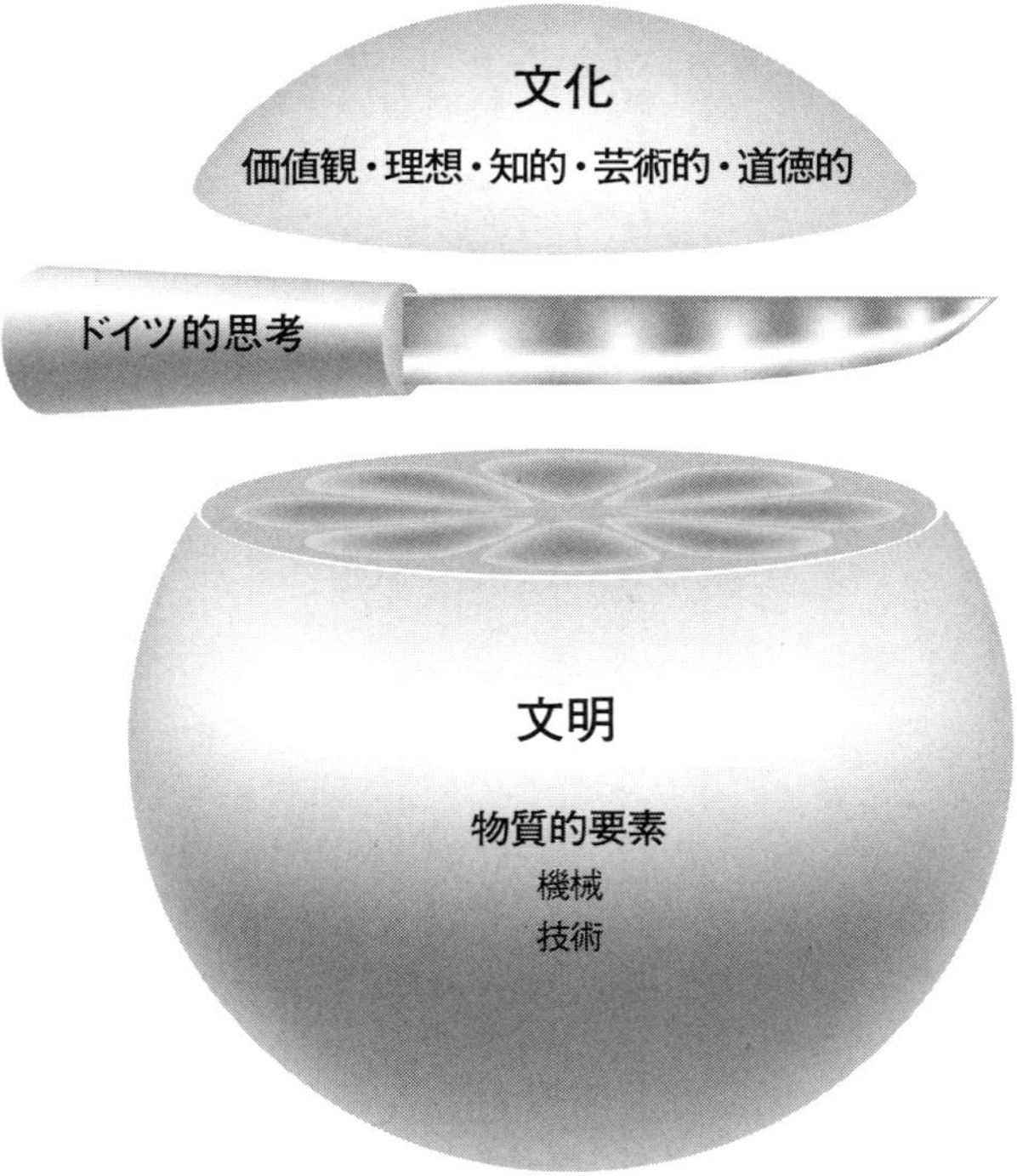

現在では、文明は文化を拡大したもので「文化的な特徴と現象の集合」として考えられているが（図表4参照）、19世紀ドイツ思想界では、土台としての文明と社会の質に関わる知的営みである文化をはっきり区別してとらえていた。

であり、「文化的な特徴と現象の集合」である。ウォラースタインは文明を定義して「世界観や生活習慣、組織、文化（物質的な文化と高度な文化も合わせて）などの特定の連鎖であり、それはある種のまとまった歴史を形成し、その他の同様な現象と（かならずしも同時にではないが）共存する」と述べている。

文明と文化

ドーソンによれば、文明とは「特定の民族が生みだす文化的な創造性の、特殊かつ独特なプロセス」の産物であり、一方デュルケームとモースにとってそれは「ある数の民族を取り巻く一連の道徳的な環境であり、それぞれの民族の文化は全体を構成する特殊なかたちにすぎない」のである。シュペングラーにとって、文明とは「文化の必然的な運命……人類という進化した種に可能な最も外面的かつ人工的な状態……できかけのもののあとにできた結果」である。ともあれ、文化は文明の定義のほぼすべてに共通するテーマである。

文明を定義する主要な文化的要素とは何か？　スパルタ人に向かって、彼らをペルシアに売りはしないと保証したとき、アテナイ人は以下のように伝統的なやりかたでそれを述べた。

たとえわれわれがそうしたいと思っても、大いに考えるべきことがたくさんあって、許されないからだ。第一に、最も重要なのは、神々の像と焼き払われて廃墟と化した神殿である。そのような罪を犯した男と仲直りするなどもってのほかで、われわれは力のかぎり復讐しなければならない。第二に、ギリシア人種は血も同じなら言語も同じである、そして神々の神殿もいけにえの儀式も共通しており、生活習慣も似ている。アテナイ人にとって、こうした人びとを裏切るのはよくないことだろう。

血統、言語、生活様式はギリシア人種のあいだで共通しており、ペルシア人をはじめとする非ギリシア人種とはこれらの点で違っていた。しかし、文明を定義するあらゆる客観的な要素のなかで最も重要なのは通常、アテナイ人が強調したように、宗教である。人類の歴史における主要な文明は世界の主要な宗教とかなり密接に結びついている。そして、民族性と言語が共通していても宗教が違う人びとはたがいに殺しあう場合があり、レバノンや旧ユーゴスラヴィアやインド亜大陸で起こったことはそのあらわれである。人が文化的な特徴によっていくつかの文明に分類されるのと同じように、人は肉体的な特徴によっていくつかの人種に分類される。だが、文明と人種は同一ではない。

同じ人種に属する人びとが文明によってはっきりと切り離されることもあれば、異なる人種に属する人びとが文明によって統合されることもある。キリスト教とイスラム教など、特にさかんに布教活動を行なう宗教はさまざまな人種からなる社会を包含している。人間の集団の最も重要な特徴は、その価値観、信仰、社会制度、社会構造であって、体格や頭部の形や肌の色ではないのだ。

第三に、文明は包括的である。つまり、文明を構成する単位のどれ一つとして、それを包含する文明との関連を見ずには充分に理解することができない。トインビーが主張するように、文明は「他の文明に包含されることなく包含する」のだ。文明は「総体」なのである。さらに歴史学者のメルコはトインビーを引用してこう言っている。

（文明は）ある程度のまとまりをもったものだ。その部分は相互の関係や全体との関係で決定される。その文明がいくつかの国で構成されているなら、それら国家間の関係は文明の外の国との関係より密接になるだろう。その国家間ではたがいに競いあうことも多いだろうし、外交関係も頻繁になるだろう。経済的な相互依存を深めるだろうし、芸術や哲学の交流もさかんであろう。

文明は最も範囲の広い文化的なまとまりである。村落や地域、民族集団、国籍、宗教集団などはすべて、さまざまなレベルの文化的異質性を含みながら、固有の文化をもっている。南イタリアのある村の文化は北イタリアの村のものとは違うかもしれないが、両者ともイタリア文化を共有していて、そのためにドイツの村落とは区別される。そうかと思うと、ヨーロッパの地域社会は共有する文化的な特徴によって、中国やヒンドゥー教の社会とははっきりと区別される。

しかし、中国人もヒンドゥー教徒も西欧人も、それより広い文化的まとまりの一部を構成しているわけではない。彼らは文明を構成しているのである。すなわち、文明は人を文化的に分類する最上位の範疇《はんちゅう》であり、人類を他の種と区別する特徴を除けば、人のもつ文化的アイデンティティの最も広いレベルを構成している。

文明の輪郭を定めているのは、言語、歴史、宗教、生活習慣、社会制度のような共通した客観的な要素と、人びとの主観的な自己認識の両方である。人びとはさまざまなレベルでのアイデンティティをもっている。ローマの住人が自分のアイデンティティを定義する場合、ローマ市民、イタリア人、カトリック教徒、キリスト教徒、ヨーロッパ人、西洋人など、さまざまなレベルで定義するだろう。人が属する文明は最も広いレベルでの帰属領域で、人はそこに強い一体感をもつ。

「われわれ」対「彼ら」

文明は「われわれ」と呼べる最大の分類であって、そのなかでは文化的にくつろいでいられる点が、その文明の外にいる「彼ら」すべてと異なるところである。文明には中国文明のように膨大な人口をかかえるものもあれば、英語を使用するカリブ海文明のように少数の人びとで構成されるものもある。

歴史上、独自の文化をもちながら、それより大きい文化的帰属領域をもたない人びとの少数集団はたくさんあった。規模と重要性で区別して主要文明と周辺文明に分類されたり（バグビー）、主要文明と抑制された文明、あるいは発育不全の文明とに分類されている（トインビー）。私がここで対象としているのは人類の歴史で一般に主要文明と見なされているものである。

文明には明確な境界もないし、正確な始まりと終わりがあるものでもない。人びとは自分のアイデンティティを定義しなおすことができるし、実際に定義しなおした結果、文明の構成とかたちは時間の経過とともに変化している。民族の文化は相互に作用し、部分的に重なりあう。文明を構成する文化がたがいにどの程度似ていて、どの程度異なるかもさまざまである。

それにもかかわらず、文明は意味のあるまとまりをなしていて、文明の境界が明確な線をなすことは滅多にないが、それでも境界は実際に存在する。

第四に、文明は滅びる運命にあるが、きわめて長命でもある。文明は発展しながら適応していき、最も持続性のある人間のつながりであり、「きわめて永続的な実体」である。その「独特で特異な本質」は「歴史を通じて長く連続し、文明はまさに何よりも長い物語」なのである。

帝国は興隆し、滅亡する。政府は移り変わる。しかし、文明は踏みとどまって「政治的、社会的、経済的、ひいてはイデオロギー的な激変をも生き延びる」。「国際関係の歴史が」と、ボーズマンは結論している。「正当に実証している学説のとおり、政治制度は文明の表層における一時的な便法であり、言語や道徳でまとまったそれぞれの共同体の運命を最終的に左右するのは、共同体をかたちづくる基本的な思想が生き延びるかどうかであり、その思想を中心に何世代もの人びとが途切れることなくまとまってきており、その思想が社会の持続性の象徴となっている」。二十世紀の世界の主要文明のほとんどは一〇〇〇年来存在してきたものか、あるいはラテンアメリカ文明のように長くつづいた別の文明から直接生まれたものかのどちらかである。

文明の発展段階

文明は持続するが発展もする。それらは動的であり、栄えたり衰えたりするし、結合するかと思うと分裂もする。そして、歴史学者なら誰でも知っているように、文明は姿を消して、ときに埋もれてしまうこともある。

文明の発展段階はさまざまなかたちで記述することができるだろう。キャロル・キグリーは文明が混合期、胚胎期、拡張期、衝突の時代、普遍的な帝国時代、衰退期、侵略期という七つの段階を経るとしている。メルコは変化のモデルを総括して、明確な封建制度から明確な国家体制への過渡期の封建制度へ、さらに明確な帝国体制への過渡期の国家体制へと変化していくとした。

トインビーの見かたによると、文明は困難な状況に対応する過程で生まれ、その後成長期を経るあいだに、創造力に富む少数民族が生みだした環境への支配をしだいに強めていくが、紛争の時期を経て普遍的な国家が生まれ、やがて崩壊する。かなり違いはあるが、どの説も文明は紛争や衝突の時期を経て普遍的な国家に発展し、やがて衰えて崩壊すると見ている。

第五に、文明は文化的なまとまりであって、政治的なまとまりではない。だから、文明は秩序を維持することもないし、司法制度の確立や徴税、戦争、条約の締結のような政府の仕事は一切しない。文明を構成する政治的な要素は文明によって異なるし、同じ文明でも時代によって変化する。というわけで、一つの文明に含まれる政治単位は一つの場合もあれば、たくさんある場合もある。そのような政治の単位も都市国家、帝国、連邦や連合、国民国家、多民族国家などさまざまで、そのすべてが別の形態の政府をもつ可能性がある。

文明が発展するにつれて、おおむねその変化は構成する政治単位の数と性質にあらわれてくる。極端な場合には、文明と政治的なまとまりが一致することがある。政治学者のルシアン・パイによると、中国は「一つの国を装っている文明」である。日本の場合は、国すなわち文明である。しかし、大部分の文明は二つ以上の政治的な単位をかかえている。近代の世界では、ほとんどの文明に二つ以上の国家が含まれている。

最後に、学者たちは人類の歴史の主要文明や現代社会に存在する文明の特徴について、おおむね一致した見解をもっている。しかし、歴史に存在した文明の総数という点では意見が分かれている。

キグリーは歴史上明確な文明が一六、ほかにおそらく八つあったと主張している。トインビーは最初は二一という数を示したが、あとで二三に訂正した。シュペングラーは八大文明について述べている。マクニールは歴史を通じて九つの文明について論じている。バグビーも九大文明と判断し、日本を中国と区別し、東方正教会を西洋と区別するなら、一一になるとしている。ブローデルとロストファニーは現代の主要文明を七つとしている。

このような意見の相違のもととなるのは、一つに中国人やインド人などの文化集団を歴史的にずっと単一の文明をもっていたと考えるか、あるいは二つかそれ以上の密接な関係にある文明をもっていて、そのうちのいずれかが他方から生まれたと考えるかの違いである。

こうした違いはあっても、主要文明の区別についての異論はない。「むりなく意見が一致するところでは」と、メルコは文献を検討したうえで結論をくだし、歴史的には少なくとも主要な文明が一二存在し、そのうち七つはもはや存在せず（メソポタミア、エジプト、クレタ、古代ギリシア・ローマ、ビザンティン、中央アメリカ、アンデス）、五つが現存する

図表21●東半球の文明

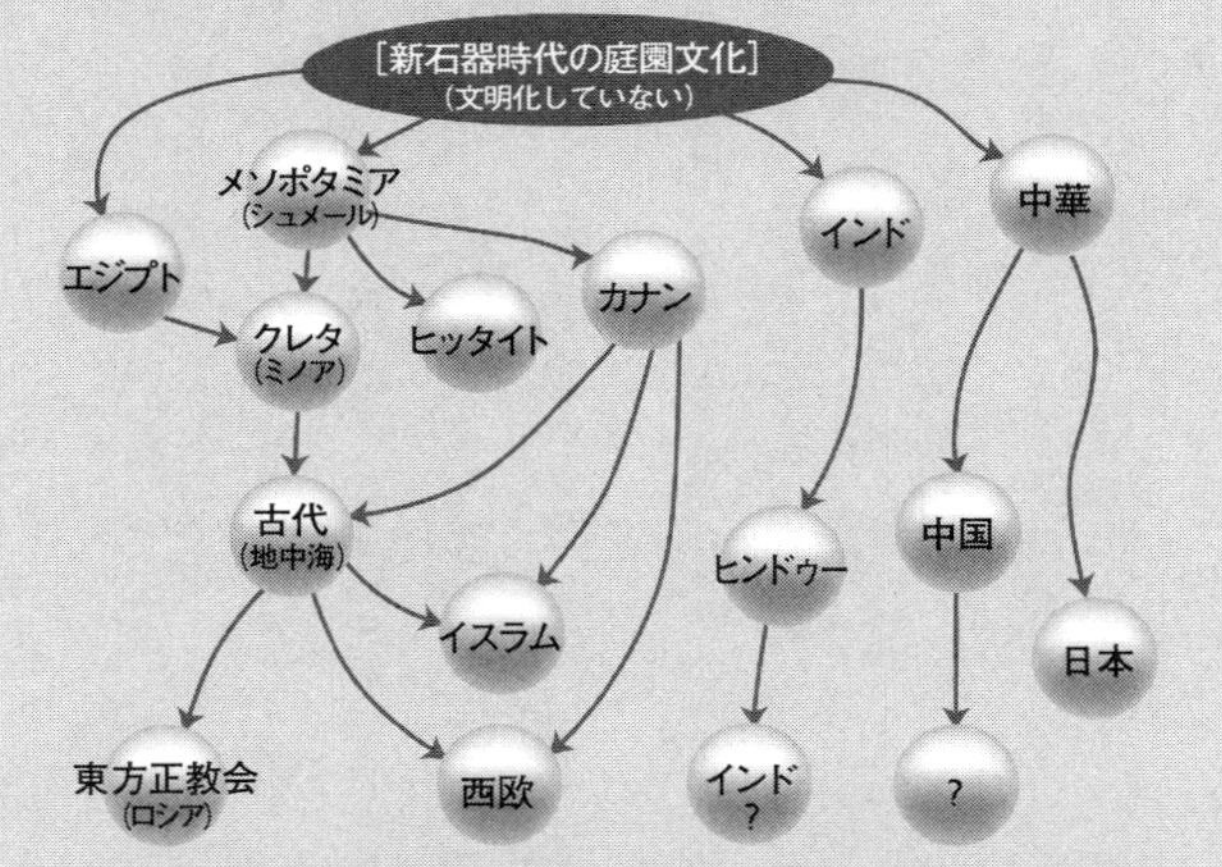

出典：Carroll Quigley, The Evolution of Civilizations : An Introduction to Historical Analysis （Indianapolis : Liberty Press, 2nd ed.,1979), p.83.

（中国、日本、インド、イスラム、西欧）と述べた。この五つの文明に東方正教会文明とラテンアメリカ文明、それにあるいはアフリカ文明を加えると、いまの世界を考えるわれわれの目的にかなっている。

現代の主要な文明

そういうわけで、現代の主要文明は以下のようになる。

中華文明　すべての学者が認めていることだが、さかのぼること少なくとも紀元前一五〇〇年に、そしておそらくはその一〇〇〇年前から一つの明確な中国文明が存在していたか、あるいは二つの文明があって、西暦の最初の数世紀のあいだに片方がもう一方を継承したと考えられている。『フォーリン・アフェアーズ』誌の論文で、私はこの文明を儒教文明と名付けた。しかし、中華文明という言葉を使うほうがもっと正確ではある。儒教は中国文明の重要な要素ではあるが、中国文明の要素は儒教だけにとどまらないし、政治的なまとまりとしての中国を超越している。中華文明という言葉は大勢の学者によって使われてきたが、これは中国はもちろん、東南アジアなど中国以外の土地の中国人社会と共通の文化、さらにはヴェトナムや朝鮮の関連する文化を適切に表現している。

日本文明　一部の学者は日本の文化と中国の文化を極東文明という見出しでひとくくりにしている。だが、ほとんどの学者はそうせずに、日本のそれを固有の文明として認識し、中国文明から派生して西暦一〇〇年ないし四〇〇年の時期にあらわれたと見ている。

ヒンドゥー文明　インド亜大陸には少なくとも紀元前一五〇〇年ごろから、一つまたはそれ以上の文明が存在したと広く認められている。それらは一般にインド文明もしくはヒンドゥー文明と言われ、最近の文明をさす場合にはヒンドゥーという言葉が使われている。紀元前二〇〇〇年以降、ヒンドゥー教はいろいろなかたちで亜大陸の文化の中心だった。「宗教あるいは社会の制度にとどまらず、それはインド文明の核である」。ヒンドゥー教は近代以降もずっとその役割をにないつづけてきたが、インド自体には強固なイスラム社会や小さな文化的少数グループなどがいくつも根をおろしている。中華文明と同じように、ヒンドゥーという言葉も文明の名称をその中核国家の名称と切り離すことができ、この二つの例のように、その文明に属する文化が国を越えて広がっている場合には適切である。

世界13億人のイスラム教徒の信仰の中心カアバ神殿（AP／WWP）

イスラム文明　主要な学者はみな固有のイスラム文明の存在を認めている。西暦七世紀にアラビア半島に端を発して、イスラム教は急速に北アフリカ、イベリア半島、さらには東の中央アジア、インド亜大陸、東南アジアへと広がっていった。その結果、イスラム文明のなかには、アラビア、トルコ、ペルシア、マレーなど数多くの異なる文化、すなわち下位文明が存在する。

東方正教会文明　一部の学者は、ロシアを中心とし、ビザンティン文明を親とする東方正教会文明を西欧のキリスト教文明とは異なる別個の文明であると区別している。明らかに異なった宗教をもち、二〇〇年にわたるトルコの支配と官僚的専制主義を特徴とするうえ、ルネサンス、宗教改革、啓蒙思想など西欧の根幹をなす歴史的経験からはごくかぎられた影響しか受けていないからである。

西欧文明　西欧文明は普通西暦七〇〇年ないし八〇〇年にあらわれたとされる。一般に学者たちは、そこにヨーロッパ、北アメリカ、ラテンアメリカの三つの主要な構成要素があると見ている。

ラテンアメリカ文明　ラテンアメリカ文明は西欧文明とははっきり区別される独自性をもっている。ヨーロッパ文明から生まれたにもかかわらず、ラテンアメリカ文明はヨーロッパや北アメリカの文明とは異なる道をたどって発展した。この文明は協調組合主義的で権威主義

図表22●言葉の使用状況　「自由世界」と「西欧」

	使用頻度	1988年	1993年	使用頻度の変化（%）
『ニューヨーク・タイムズ』				
	自由世界	71	44	38減
	西欧	46	144	213増
『ワシントン・ポスト』				
	自由世界	112	67	40減
	西欧	36	87	142増
米国議会議事録				
	自由世界	356	114	68減
	西欧	7	10	43増

出典：レクシス／ネクシス。使用頻度は「自由世界」と「西欧」という言葉に関する記事もしくはその言葉を含む記事の数である。「西欧」の使用頻度については文脈が適切かどうかを検討して、文明あるいは政治的な統一体としての西欧に言及していることが保証できるものを選んだ。

的な文化を有するが、この特徴はヨーロッパ文明にはあまり見られないし、北米にいたってはまったく存在しない。ヨーロッパと北アメリカはともに宗教改革の影響を受けて、カトリックの文化とプロテスタントの文化を組み合わせてきた。今後変わっていく可能性もあるが、歴史的に見てラテンアメリカはカトリック一辺倒だった。ラテンアメリカ文明は土着の文化と混じりあっているが、ヨーロッパには土着文化というものが存在しなかったし、北アメリカでは土着文化は事実上抹殺されてしまった。ラテンアメリカの場合、一方のメキシコ、中央アメリカ、ペルー、ボリビアと、もう一方のアルゼンチン、チリでは土着文化の重要性が異なる。ラテンアメリカの政治的変化と経済の発展は北大西洋諸国に共通するパターンと大きく異なっている。

ヨーロッパとアメリカ

さて、西欧文明にはヨーロッパや北アメリカのほかにオーストラリアやニュージーランドなどヨーロッパからの移住者からなる国が含まれる。しかし、西欧文明を構成する二大要素であるヨーロッパとアメリカの相互関係は、時代の流れとともに変化してきた。アメリカ人はその歴史の大半を通じて、自分たちの社会をヨーロッパとは反対のものと定義してきた。アメリカの土地には自由と平等と機会と未来があった。ヨーロッパは抑圧と階級闘争、階層、退化の象徴だった。アメリカの文明は独特だという議論さえあった。アメリカとヨーロッパを対極におく考え方が生まれたのは、少なくとも十九世紀末以前のアメリカは非西欧文明との接触がごくかぎられていたためである。

ところが合衆国が世界の舞台に立つようになると、ヨーロッパとのより幅広い一体感が新たに生まれた。十九世紀には、アメリカは自らをヨーロッパとは異なり、対峙していると定義していたが、二十世紀になると、アメリカは自らをヨーロッパを含む西欧という広範なまとまりの一部であるとし、じつにそのリーダーだと自らを定義するようになった。

「西洋」という言葉はいまや多用され、西側キリスト教圏と呼ばれていた世界をさすようになった。したがって、西洋文明は特定の民族や宗教、あるいは地理的な場所の名前ではなく、羅針盤の方位で認識される唯一の文明である。* この認識のしかたによって、西洋文明はその歴史的、地理的、文化的な背後関係と切り離されている。

＊「東」と「西」という言葉を使って地理的な場所を固定するのは混乱を招くし、自民族中心主義的だ。「北」と「南」にはあまねく受け入れられて基準となる定点が南北の極にある。「東」と「西」にはそのような基準点がない。問題はどこの東であり、西であるかということだ。すべてはその人の立っている場所しだいである。「西」と「東」はおそらく最初はユーラシアの西側地域と東側地域をさしていたと思われる。だが、アメリカ人の立場からすると、極東は実際には極西である。中国の歴史の大半を通じて、西と言えばインドを意味していたが、一方日本では「西」はたいてい中国を意味していた。

歴史的に見れば、西洋文明はヨーロッパ文明である。近代では西洋文明と言えば欧米あるいは北大西洋文明である。ヨーロッパ、アメリカ、北大西洋は地図に存在するが、西洋という場所は見つからない。「西洋」という呼びかたから「洋風化」という概念が生まれ、洋風化と近代化を混同させて誤解を招くようになった。日本が「洋風化」するほうが「欧米化」するよりも想像しやすい。しかし、欧米文明は一般に西洋文明と呼ばれるので、重大な欠点はあるが、ここでは西洋文明という言葉を使うことにする。

アフリカ文明（存在すると考えた場合）　ブローデルを例外として、主要な文明研究者のほとんどは明確なアフリカ文明というものを認めていない。アフリカ大陸の北部とその東岸はイスラム文明に属している。歴史的には、エチオピアが独自の文明を構成していた。それ以外の場所には、ヨーロッパの帝国主義と植民地政策によって、西欧文明の要素がもたらされた。南アフリカでは、オランダ人とフランス人、やがてイギリス人の入植者が非常に断片的なヨーロッパ文化をつくりだした。

最も重要なのは、ヨーロッパの帝国主義が大陸のサハラ以南のほとんどの地域にキリスト教をもたらしたことである。アフリカ中で部族ごとの強烈なアイデンティティが幅をきかせているが、アフリカ人としてのアイデンティティもしだいに発達しつつあり、おそらくは南アフリカを中核国家としてサハラ以南のアフリカが固有の文明にまとまる可能性が考えられる。

宗教は文明を規定する中心的な特徴であり、クリストファー・ドーソンが言うように、

「偉大な宗教は偉大な文明を支える基礎である」。ウェーバーの言う五つの「世界的な宗教」のうち、四つ――キリスト教、イスラム教、ヒンドゥー教、儒教――は主な文明と結びついている。五番目の仏教はそうではない。なぜだろうか?

イスラム教やキリスト教と同じように、仏教は初期の段階で大きく二つに分かれた。そして、キリスト教と同じように、それは発祥の地では生き延びることができなかった。西暦一世紀に始まった大乗仏教は中国へ伝えられ、ついで朝鮮、ヴェトナム、日本へと伝えられた。これらの社会で仏教はさまざまに適応し、その土地の文化(たとえば、中国では儒教や道教)に同化して、抑圧された。そのため、これらの社会は仏教を文化の重要な構成要素としているにもかかわらず、仏教文明に属さないし、自らをその一部だと認識しようとしない。しかし、小乗仏教文明と言っても間違いないものがスリランカ、ミャンマー、タイ、ラオス、カンボジアには存在している。さらに、チベットやモンゴル、ブータンの住民の歴史を見ると大乗仏教の一派であるラマ教を信じてきた。これらの社会は仏教文明の第二地域をなしている。

だが全般的に、インドで仏教がほとんど滅びていることや、中国や日本では既存の文化に順応して組み込まれていることなどから、仏教は主要な宗教ではあっても、主要文明の基盤ではなかったと言える。

文明の構造

冷戦時代の国家関係

冷戦時代、二つの超大国にたいする各国の関係は、同盟国、衛星国、依存国、中立国、非同盟国のいずれかだった。

冷戦後の世界では、各国は文明にたいして構成国、中核国、孤立国、分裂国、そして引き裂かれた国家として関係している。

部族や民族のように、文明にも政治的構造がある。構成国とは、文化の面で一つの文明と完全に同一視される国であり、エジプトがアラブ・イスラム文明に一致し、イタリアがヨーロッパ・欧米文明に一致するのがその例だ。

一つの文明には、その文化を共有し、その文化を自己のものと認識しながら、他の文明に属する人びとの支配する国に住んでいる人も含まれることがある。文明には通常、その文明を支える文化の主要な発生地として構成員が見なしている場所が、一つ以上ある。このような発生地があるのは、しばしばその文明の中核国、つまり最も強力で文化の中心である国のなかだ。

中核国の数と役割は文明によって異なり、時とともに変わることがある。日本文明は事実上、日本という一つの中核国と同一である。中華、東方正教会、そしてヒンドゥーの各文明は、圧倒的な力をもつ一つの中核国と、その他の構成国と、その文明に属しながら別の文明の人びとが支配する国に住む人びと（大陸外の中国人、隣国のロシア人、スリランカのタミール族）からなっている。

歴史的に、欧米には通常いくつかの中核国がある。現在は二つの中核、つまりアメリカと、ヨーロッパにおけるフランス・ドイツという中核があり、その両者のあいだで揺れているイギリスが、さらにもう一つの力の中心となっている。イスラム世界とラテンアメリカおよびアフリカには中核国がない。これは一つには、欧米の大国の帝国主義がアフリカと中東を分割し、十九世紀以前にはそれほど明確にではないが、ラテンアメリカも分けあっていたことによる。

イスラム文明には中核国がないことは、イスラム社会と非イスラム社会の両方にとって大きな問題となっている。ラテンアメリカについて言えば、スペインがスペイン語圏の文明、あるいはイベリア文明の中核国になれたと考えられるが、ラテンアメリカの指導者はヨーロッパ文明の一員になる道を意図的に選び、同時に旧植民地との文化的なつながりも保っている。面積、資源、人口、軍事力および経済力の面で、ブラジルにはラテンアメリカのリーダーになる資格があり、リーダーになりえたと考えられている。

だがラテンアメリカにたいするブラジルの関係は、イスラム世界にたいするイランの関係と同じだ。他の点では中核国になる資格を充分にもっているのだが、下位文明の違い（イランの場合は宗教、ブラジルの場合は言語）のために、その役割をになうのが難しいのだ。したがって、ラテンアメリカでは複数の国、すなわちブラジル、メキシコ、ヴェネズエラ、アルゼンチンが、協力しあいながら指導力を発揮することもあれば、主導権をめぐって争うこともある。

ラテンアメリカの状況をさらに複雑にしているのは、メキシコが自己のアイデンティティを再定義し、ラテンアメリカから北アメリカの一員に変わろうとしている事実であり、チリやその他の国もそれにつづくかもしれないことだ。最終的には、ラテンアメリカ文明は三つの支流をもつ欧米文明に吸収され、その一変種となるかもしれない。

孤立国、日本

孤立国とは、他の社会と文化を共有しない国である。

たとえば、エチオピアが文化的に孤立しているのは、主要な言語がエチオピア文字で書かれるアムハラ語であり、主要な宗教がコプト教会のキリスト教であり、帝国としての歴史をもち、周辺国の大部分がイスラム教徒であるのにたいし、宗教が違うためだ。

ラテンアメリカ諸国は孤立国・ハイチの難民問題で受け入れを拒否した。(AP/WWP)

ハイチのエリート層は伝統的にフランスとのあいだに好んで文化的な関係を結んできたが、ハイチクレオール語とブードゥー教、革命による奴隷の起源や残酷な歴史が一つに結びついて、ハイチは孤立国となっている。「どんな国も独特だ」とシドニー・ミンツは言っているが、「ハイチはまったく別格である」。その結果、一九九四年のハイチ危機のとき、ラテンアメリカ諸国はそれをラテンアメリカの問題とは見ず、キューバ難民は受け入れていながらハイチ難民の受け入れは拒んだ。

最も重要な孤立国は、日本である。日本の独特な文化を共有する国はなく、他国に移民した日本人はその国で重要な意味をもつほどの人口に達することもなく、また移民先の国の文化にも同化してしまう（たとえば日系アメリカ人がそうだ）。日本の孤立の度がさらに高まるのは、日本文化は高度に排他的で、広く支持される可能性のある宗教（キリスト教やイスラム教）やイデオロギー（自由主義や共産主義）をともなわないという事実からであり、そのような宗教やイデオロギーをもたないために、他の社会にそれを伝えてその社会の人びとと文化的な関係を築くことができないのである。

領土が文明間の断層線をまたぐ分裂国は、統一の維持という特別な問題に直面する。スーダンでは、イスラム教徒の北部とキリスト教徒が大半を占める南部のあいだで、何十年にもわたって内戦がつづいている。それと同様な文明の対立により、ナイジェリアの政治も同じく何十年間も混乱しつづけ、一度は大規模な分離戦争が起こり、クーデターや暴動やその他の暴力事件も起きている。

文明の断層線の影響が最も顕著なのは、冷戦時代に国としてまとめられた分裂国であり、マルクス・レーニン主義のイデオロギーによって正当化された独裁的な共産主義体制がつくった国々である。

共産主義の崩壊にともない、イデオロギーにかわって文化がおたがいを引きつけたり反発したりする磁石となり、ユーゴスラヴィアとソ連は解体されて新しい国に分かれ、文明の境界線にそったグループになった。つまり、ソ連はバルト諸国（プロテスタントとカトリック）、東方正教会系の共和国、イスラム教の共和国に分かれ、ユーゴスラヴィアはカトリックのスロヴェニアとクロアチア、部分的にイスラム教のボスニア・ヘルツェゴビナ、東方正教会系のセルビア・モンテネグロとマケドニアに分かれたのだ。

第二段階の分裂

これらの後継国がなおも複数の文明の集団をかかえているところでは、第二段階の分裂が起きた。ボスニア・ヘルツェゴビナは戦争によってセルビア人、イスラム教徒、クロアチア人の領域に分かれ、クロアチアではセルビア人とクロアチア人が戦った。

アルバニア人イスラム教徒の住むコソボは、東方正教会系スラブ民族の住むセルビア内に平和的な地位を承認されたが、その地位はきわめて不安定であり、マケドニアではイスラム教徒のアルバニア人という少数派と東方正教会系スラブ人という多数派のあいだに緊張が高まった。

旧ソ連の多くの共和国も文明の断層線をまたいでいるが、それは一つには旧ソ連政府が国境を設ける際に分裂した共和国をつくったからであり、ロシア人のクリミアをウクライナに、アルメニア人のナゴルノ・カラバフをアゼルバイジャンに統合させたからだ。ロシアには比較的小規模なイスラム教徒の少数派グループがいくつか存在し、特に北カフカースとヴォルガ川流域に多い。

エストニア、ラトヴィア、カザフスタンにはロシア人の少数派がかなり存在するが、これもまた旧ソ連の政策による面が大きい。ウクライナは東方帰一教会の民族主義者からなるウクライナ語圏の西部と、東方正教会系ロシア語圏の東部に分かれている。

分裂国では、二つ以上の大きな文明グループが、「われわれは別々の国民であり、違う場所に属している」と主張していると言える。

分裂国は相手を否定する力によって分裂し、他の社会の文明に引き寄せられる。それとは逆に、引き裂かれた国は支配的な文化を一つだけもち、それによって一つの文明のもとにおかれているが、国の指導者は他の文明に属したいと考えている。彼らはこう言っていることになる。「われわれは一つの国民であり、一つの場所に属しているが、その場所を変えたいと思う」

分裂国の人びとと違い、引き裂かれた国の人びとは自分たちが何者かについては合意しているが、どの文明が自分たちにとってふさわしいかどうかについては意見が分かれている。一般に、指導者の多くがかつてのケマル・アタチュルク*の戦略をとり、自分たちの社会は非西欧型の文化や制度を拒絶し、西欧の一員になって近代化と西欧化を進めるべきだと決意している。

*ケマル・アタチュルク
トルコの軍人、政治家。トルコ共和国の初代大統領(一九二三〜三八)。オスマン帝国の収税吏の家に生まれ、陸軍幼年学校、士官学校に学ぶ。当時、トルコはアブデュル・ハミット二世の封建的専制支配のもとにあって、宮廷の腐敗とスパイ活動が横行し、また外国資本の圧迫により国内産業が破滅に瀕していた。そのために、いたるところで貧窮していた民衆の不満があふれており、少数民族のあいだには不穏な動きが見られた。そして、十九世紀半ばに文化団体として発足した青年トルコ党が多くの知識人と青年将校の共感を呼び、少数民族と提携して、政府の弾圧をはねのけて政治的に急進化していった。そうした影響を受けて、ケ

マルもスルタン政治にたいする反対運動に参加するようになる。その後、一一年にイタリアがトリポリへ侵入し、一二年にバルカン戦争が起こったが、ケマルは軍人としてつねに身を挺し、祖国防衛に当たった。第一次世界大戦中には、ジェリボル岬への上陸を試みた連合軍を撃退して、大佐に昇進した。

大戦の結果、トルコは屈辱的なセーブル条約を押しつけられた。さらに、ギリシアがイズミール地方を侵略すると、国民の抵抗運動が起こり、ケマルはこれを「アナトリア・ルーメリア権利擁護連盟（のちの国民党）」に組織し、二〇年にはアンカラに大国民会議を開いて、その議長となり、スルタン政府を否認するとともに、ソ連の支援を受けて二一年八月には総司令官としてギリシアの侵入軍をサカリヤに撃破した。二三年、ローザンヌ条約を獲得し、共和国の成立とともにその初代大統領に選ばれ、それ以来三度再選されて、三四年には議会からアタチュルク（トルコ人の父）の姓を贈られ、現職のまま三八年十一月に死去した。

ケマルの半生はトルコの近代化のために捧げられた。改革は、つねに彼の決然たるイニシアティブによって成しとげられた。カリフ制、イスラム聖法を廃止して、ヨーロッパ流の近代憲法、民法を確立し、政教分離を完成したこと、すべての選挙における男女平等を実現させたことなどは高く評価されている。

ロシアはピョートル大帝以来ずっと引き裂かれた国家であり、西欧文明の一員なのか、それとは別のユーラシア東方正教会文明の中核なのかという問題をめぐって意見が分かれてきた。ケマル・アタチュルクの国は言うまでもなく引き裂かれた国家の典型であり、一九二〇

図表23●西欧の影響にたいする対応の選択肢

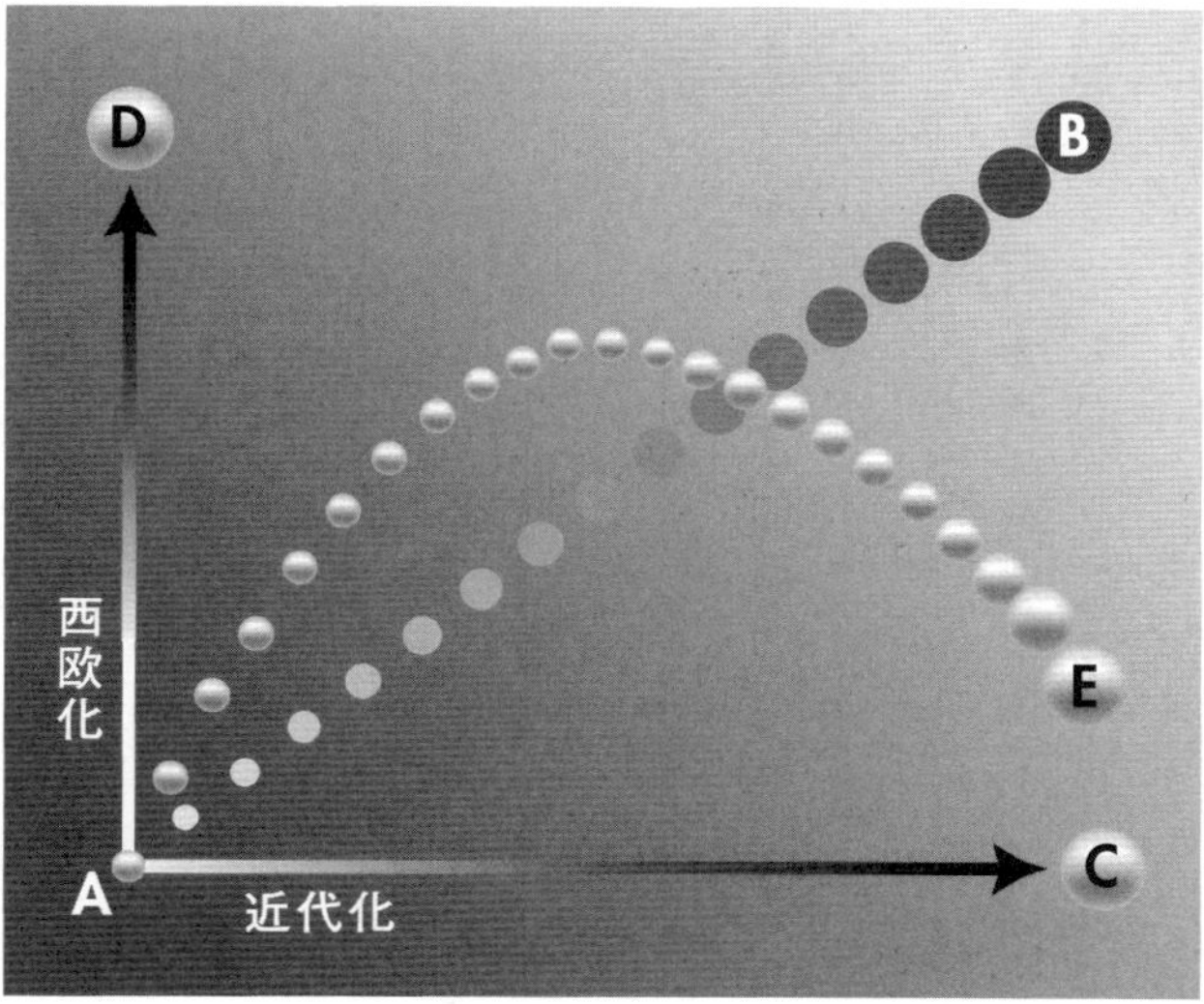

西欧が拡大したことで、非西欧社会の近代化と西欧化がともにうながされた。これらの社会の政治家や知識人は、西欧からの影響にたいして近代化と西欧化の双方を拒否する拒否主義（A点）、双方を受け入れるケマル主義（B点）、近代化は受け入れるが西欧化は拒否する改革主義（C点）という三つの態度をとった。そして、非西欧社会はそれぞれ独自のコースをたどってきている。
非西欧社会の西欧への対応に近代化と西欧化という共通のパターンがあるとしたら、A点からE点にいたるカーブを描くように見えるだろう。最初は西欧化と近代化は密接に関連していて、非西欧社会は西欧化の多くの要素を吸収しながら近代化に向かってゆっくりと進む。だが、近代化のペースが上がるにつれ、西欧化の速度が衰え、土着文化が復活する。さらに近代化が進むと、西欧と非西欧社会の文明上の勢力バランスが変わって、脱西欧化が促進され土着文化へのこだわりが強まることになる。

年代以来たゆみなく近代化と西欧化を目指し、西欧の一員になろうとしてきた。

およそ二世紀前に、メキシコはアメリカに抵抗して自国をラテンアメリカの一国と定義したが、一九八〇年代の指導者たちが北米社会の一員として自らを定義しなおそうとしたために、自国を引き裂かれた国家にした。それにたいし、一九九〇年代のオーストラリアの指導者は、自国を西欧から切り離してアジアの一員にしようとしており、そのために逆の意味で引き裂かれた国家をつくっている。

引き裂かれた国家には共通する現象が二つある。指導者は自国を二つの文化の「懸け橋」と言い、評論家は矛盾だと言うのだ。「ロシアは西を向く――そして東も」「トルコ、東か西か?」「オーストラリア人の国民意識、愛国心の分裂」――これらの見出しは、引き裂かれた国家のアイデンティティの問題を典型的にあらわしている。

引き裂かれた国家が文明のアイデンティティをうまく定義しなおすには、少なくとも三つの条件をみたさなければならない。第一に、その国の政治と経済のエリート層がこの動きを広範に支持し、熱意をもって取り組まなければならない。第二に、大衆がアイデンティティの再定義を少なくとも黙認しようとしなければならない。第三に、再定義を受け入れる側の文明の主要なメンバー――たいていの場合は西欧――が、その再定義を進んで受け入れようとしなければならない。

アイデンティティの再定義のプロセスには長い時間がかかり、途中で妨害されることもあろうし、政治的にも経済的にも、また制度や文化の面でも痛みをともなうだろう。しかも、これまでのところいずれも失敗に終わっている。

中核国家と文明の断層線《フォルト・ライン》での紛争

異文明間の紛争

文明とは人類を分類する最終的な枠組みであり、文明の衝突とはグローバルな広がりをもった種族間の紛争である。

新しい時代を迎える世界で、二つの異なる文明に属する国家や集団は、一時的に限定的かつ戦術的な協力関係や連合をつくって、第三の文明の集団にたいする自分たちの利益を追求したり、共通の目的を達成しようとしたりするだろう。しかし、異なる文明に属する集団間の関係が緊密になることは滅多になく、通常は冷淡で、多くの場合、敵対的である。

過去から引き継がれた異文明国家間の連携は、冷戦中の軍事同盟のように、弱体化するか、消えてしまうかする。かつて盟主国のロシアとアメリカが唱えたような異文明間の緊密な「盟友関係《パートナーシップ》」は実現しないだろう。新たに生まれる異文明間の関係は通常、疎遠なものから暴力的なものにいたる広がりのどこかに落ち着くことが多い。

多くの場合は、将来のロシアと西欧の関係がそうなるだろうと、ボリス・エリツィンが警告した「冷たい平和」に似たものになるだろう。他の異文明間の関係は「冷戦」中の状況のようになるかもしれない。

文明の世界では、この言葉であらわされる以外の関係もある。冷たい平和、冷戦、貿易戦争、擬似戦争、不安な平和、問題の多い関係、激しいライバル、競合する共存、軍拡競争など、異文明の国や集団のあいだの関係を示すものとしては、このようにさまざまな表現がありそうだ。信頼と友好はあまり見られないだろう。

異文明間の紛争は二つのかたちをとる。

地域的なミクロのレベルでは、文明の断層線で紛争が起こる。これは、異文明の隣国同士で起こり、一国のなかに異文明の集団があるときにも起こる。つまり、旧ソ連や旧ユーゴスラヴィアのように、旧体制が崩壊し、新しい国を建設しようと試みる集団が生まれたときなどに起こる。断層線の紛争は、イスラム教徒と非イスラム教徒のあいだに起こることが特に多い。世界的なマクロのレベルでは、中核国家の紛争が、異文明の強国のあいだに起こる。これらの紛争の争点は、国際政治では古典的なものであり、次のようなものがある。

一　世界の発展のしかたや、世界的な国際機関、すなわち国連やＩＭＦ（国際通貨基金）、世界銀行などの行動を決めるための相対的な影響力。

二　核不拡散、軍備制限、軍拡競争などにあらわれる相対的軍事力。

三　貿易、投資、その他の議論にあらわれる経済力と繁栄。

四　人間。これには、一つの文明に属する国が、他の文明圏に住む同族の人びとを保護して、他の文明圏からの人びとを差別、あるいは排除したりすることも含む。

五　価値観と文化。ある国が他の文明圏に属する人びとにその価値観を奨励したり強要したりすると、価値観と文化をめぐって紛争が起きる。

六　ときとして領土。この場合、中核国家が断層線の紛争の前線に立つ。

当然、これらの争点は歴史を通じて人間同士の紛争の原因となってきた。だが、異なる文明をもつ国家が関係してくると、文化の相違が紛争を激化させる。競争するなかで、中核国家は自分たちと同じ文明に属する国々を結集し、第三の文明圏の国々の協力を求め、対立する文明圏のなかに分裂を起こさせたり、国々の離脱を導いたり、また外交的、政治的、経済的に、あるいは内密の行動や宣伝により刺激したり圧力をかけたりして、自分たちの目的を達成しようとする。

中核国家間の戦争

しかし、中核国家がじかに軍事力を行使することは少ない。そうなるのは、中東やインド亜大陸で起こったように、おたがいが文明の断層線に隣接している場合のみである。それ以外には、中核国家間の戦争は、二つの場合にしか起こらないだろう。

第一に、地域的なグループ間の紛争が拡大し、中核国家を含む同族のグループが結集して、紛争の当事者を援助しようとする場合に、その可能性がある。しかし、この可能性があるため、敵対する文明圏の中核国家は断層線の紛争を阻止、あるいは解決しようと努力することが多い。

第二に、中核国家間の戦争は、文明間で世界的な勢力バランスが崩れたときに起こる可能性がある。古代ギリシア文明のなかで、トゥキュディデスが書いているように、アテネの勢力が強くなったときにペロポネソス戦争が起こった。同じように、西欧文明の歴史は、新興勢力と没落する勢力のあいだの「覇権戦争」の歴史であった。

異なった文明間の新興中核国家と没落する中核国家のあいだの紛争に、勢力バランスという要因がどの程度まで影響するだろうか？　それは一つには、これらの文明圏で他の諸国が新興勢力に対処するにあたって、勢力バランスの維持（バランシング）か、それとも時流につくか（バンドワゴニング）のどちらを選ぶかにかかっている。

アジア文明圏の特質としてバンドワゴニングを選ぶ傾向が強いが、中国の勢力が強くなるにつれ、他の文明圏の国々、すなわちアメリカ、インド、ロシアなどがバランシングの努力を強めるかもしれない。

西欧の歴史で覇権戦争が起こらなかったのは、イギリスとアメリカのあいだだった。パックス・ブリタニカからパックス・アメリカーナへと平和的に移行したのは、おそらく二つの社会が文化的に密接な同族関係にあったことが大きな原因だと思われる。

このような同族関係は、西欧と中国のあいだの力関係の変化にはないので、確実に武力による闘争があるとは言えないが、英米間の場合よりも可能性は高い。イスラム教徒の活力は、絶えず起こっている多くの比較的小さな断層線紛争の原因になっている。中国の勃興は、中核国家を含んだ異文明間の大戦争を引き起こす可能性がある。

冷戦後の国際関係

主要な舞台としてのアジア

西欧が隆盛をきわめていた数世紀のあいだ、国際関係とは有力な西欧諸国のあいだに展開された競争であり、十八世紀になってやっとロシアがそこに割り込み、二十世紀になって日本が加わったにすぎない。大国間の紛争や協力でヨーロッパは主要な舞台であり、冷戦の最中においても超大国が対峙した前線はヨーロッパの中心地だった。冷戦後の重要な国際関係に中心的な舞台があるとすれば、それはアジア、特に東アジアである。

アジアは文明のるつぼだ。東アジアだけでも六つの文明に属する社会がある。日本文明、中華文明、東方正教会文明、仏教文明、イスラム文明、西欧文明で、南アジアを含めるとヒンドゥー文明が加わる。

四つの文明の中核国家である日本、中国、ロシア、アメリカは、東アジアにおける主要な立役者である。南アジアにはインドがあり、インドネシアは勃興するイスラム大国である。

図表24●東アジアと西ヨーロッパの対照

さらに東アジアにはいくつかの中級の国々が力をつけてきて、経済的な影響力を増している。韓国、台湾、マレーシア、そして強国になる可能性のあるヴェトナムなどである。

その結果、非常に複雑なかたちの国際関係が出現しており、この状況は十八世紀および十九世紀のヨーロッパに見られたものといろいろな意味で似ている。そして、多極化する状況に特徴的な、流動性と不確実性にみちている。

東アジアは多勢力で多文明という性質のため、西ヨーロッパとは異なり、経済や政治面での相違がこの二つの地域の対照をさらにきわだたせる。

西ヨーロッパのすべての国は安定した民主制を敷き、市場経済を実践し、高度な経済発展を実現している。だが一九九〇年代の東アジアには、安定した民主制が敷かれているのは一ヵ国のみで、新しく不安定な民主主義国家がいくつか、世界で五つしか残っていない共産主義独裁政府の四つ、そして軍事政権、個人による独裁、一党支配による専制政治などが存在する。

経済発展の度合いは、日本やシンガポールのレベルから、ヴェトナムや北朝鮮のレベルまで多くの段階がある。一般的な傾向としては、市場経済と経済の開放への移行が大勢だが、いまだに経済体制は北朝鮮の統制経済から、政府規制と私企業の各種の組み合わせや、香港

図表25●文明圏、あるいは国別にみた世界の工業生産の割合

（%表示、世界＝100%）

国	1750	1800	1830	1860	1880	1900	1913	1928	1938	1953	1963	1973	1980
西欧	18.2	23.3	31.1	53.7	68.8	77.4	81.6	84.2	78.6	74.6	65.4	61.2	57.8
中国	32.8	33.3	29.8	19.7	12.5	6.2	3.6	3.4	3.1	2.3	3.5	3.9	5.0
日本	3.8	3.5	2.8	2.6	2.4	2.4	2.7	3.3	5.2	2.9	5.1	8.8	9.1
インド・パキスタン	24.5	19.7	17.6	8.6	2.8	1.7	1.4	1.9	2.4	1.7	1.8	2.1	2.3
ロシア・ソ連＊	5.0	5.6	5.6	7.0	7.6	8.8	8.2	5.3	9.0	16.0	20.9	20.1	21.1
ブラジル・メキシコ	—	—	—	0.8	0.6	0.7	0.8	0.8	0.8	0.9	1.2	1.6	2.2
その他	15.7	14.6	13.1	7.6	5.3	2.8	1.7	1.1	0.9	1.6	2.1	2.3	2.5

＊冷戦期については、ワルシャワ条約機構諸国を含む。
出典：Paul Bairoch, "International Industrialization Levels form 1750 to 1980," Journal of European Economic History, 11（Fall 198）, 269-334.

図表26●文明圏別にみた世界経済総生産の割合（%）

年	西欧	アフリカ	中国	ヒンドゥー	イスラム	日本	ラテンアメリカ	東方正教会＊	その他＊＊
1950	64.1	0.2	3.3	3.8	2.9	3.1	5.6	16.0	1.0
1970	53.4	1.7	4.8	3.0	4.6	7.8	6.2	17.4	1.1
1980	48.6	2.0	6.4	2.7	6.3	8.5	7.7	16.4	1.4
1992	48.9	2.1	10.0	3.5	11.0	8.0	8.3	6.2	2.0

＊東方正教会の推計値は、旧ソ連および旧ユーゴスラヴィアを含む。
＊＊「その他」は、他の文明圏、および数値の切り上げ、切り下げによる誤差を含む。
出典：1950,1970,1980年の数値は、Herbert Block, The Planetary Product in 1980:A Creative Pause？（Washington, D.C.: Bureau of Public Affairs, U.S.Dept.of State,1981),pp.30-45.よりドルの値を固定したデータから算出。1992年の数値は、World Bank purchasing power parity estimates in table 30 of World Development Report 1994（New York:Oxford University Press, 1994）から算出。

図表27●文明圏別にみた世界総兵力の割合（%）

年	［世界合計］	西欧	アフリカ	中国	ヒンドゥー	イスラム	日本	ラテンアメリカ	東方正教会	その他
1900	［10,086］	43.7	1.6	10.0	0.4	16.7	1.8	9.4	16.6	0.1
1920	［ 8,645］	48.5	3.8	17.4	0.4	3.6	2.9	10.2	12.8＊	0.5
1970	［23,991］	26.8	2.1	24.7	6.6	10.4	0.3	4.0	25.1	2.3
1991	［25,797］	21.1	3.4	25.7	4.8	20.0	1.0	6.3	14.3	3.5

注：推計値は、各年の境界線の実情にもとづいている。各年の兵力世界合計値（常備軍）は、単位1000人。
＊このうちソ連の数値は、J.M.Mackintosh in B.H.Liddell-Hart,The Red Army : The Red Army-1918 to 1945, The Soviet Army-1946 to present（New York: Harcourt,Brace,1956）から引用したもの。
出典：U.S.Arms Control and Disarmament Agency,World Military Expenditures and Arms Transfers（Washington,D.C.: The Agency, 1971-1994）; Statesman's Year-Book（New York:St.Martin's Press,1901-1927）.

の自由放任経済まで多種多様だ。

東アジアの安全保障

中国の覇権が、ときによってはこの地域にある程度の秩序をもたらしたことを別にすれば、東アジアには西ヨーロッパに見られたような国際社会（イギリスが考えるような意味で）は存在しなかった。

二十世紀も終わりに近づき、ヨーロッパは驚くほど多数の緊密な国際機関で結ばれている。欧州連合（ＥＵ）、北大西洋条約機構（ＮＡＴＯ）、西ヨーロッパ同盟（ＷＥＵ）、欧州評議会（ＣＥ）、欧州安全保障協力機構（ＯＳＣＥ）などである。東アジアにはこれと比較できるようなものは東南アジア諸国連合（ＡＳＥＡＮ）しかなく、これとても大国は一つも加入しておらず、通常は安全保障問題の討議を避け、最も原始的なかたちの経済統合に向かいはじめたばかりである。

一九九〇年代に、はるかに広い範囲を含む組織であるアジア太平洋経済協力会議（ＡＰＥＣ）が設立され、環太平洋のほとんどの国をメンバーにしているが、これはＡＳＥＡＮよりもさらに弱体で、影響力の弱い組織である。これ以外に、複数の国が参加する主要な組織のなかで、アジアの中心的な国家をまとめている組織はない。

再び西ヨーロッパと比較して、東アジアにも国家間の紛争の種がたくさん存在する。広く危険視されている二ヵ所には、二つの朝鮮と二つの中国が含まれる。

だが、これらは冷戦時代の名残りである。イデオロギー上の違いは重要性を弱めており、一九九五年までに二つの中国の関係はいちじるしく拡大し、二つの朝鮮の関係も発展しはじめた。北朝鮮と韓国が戦う可能性はあるが、それは大きくはない。中国と台湾が戦う可能性のほうが高いが、それでも台湾が中国としてのアイデンティティを捨てて独立した台湾共和国を正式に設立しようとさえしなければ、危険は少ない。

中国軍の文書には、ある将軍の言葉が肯定的に引用されている。それは「親戚同士の戦いには限度があるべきだ」というものだ。二つの朝鮮と二つの中国のあいだに暴力行為が起きる可能性はあるが、同じ文化を共有している以上、時間がたつにつれその可能性は薄れるだろう。

東アジアでは、冷戦時から残っている紛争に、昔からの敵対意識や昨今の経済関係を反映した新しい紛争が加わったり、あるいはそれにかわったりするかもしれない。一九九〇年代の初めに、東アジアの安全保障についての研究家は東アジアを一様に次のように位置づけている。「危険な隣人」であり、「敵対行為が一触即発の状態」にある地域で、「いくつかの冷戦」が「未来へ復帰しようとして」おり、そこでは戦争が蔓延する。

西ヨーロッパとは対照的に、一九九〇年代の東アジアには、未解決な領土問題がある。そのなかで最も重要なのは、北方領土をめぐるロシアと日本のあいだのものと、東シナ海をめぐる紛争で、これには中国、ヴェトナム、フィリピンに加えて、東南アジアの他の国がかかわるかもしれない。中国とロシアおよびインドとの国境問題は一九九〇年代の半ばにはおさまっているが、再燃するかもしれないし、中国がモンゴルの領有権を主張するかもしれない。

反乱や分離主義運動は、ほとんどの場合、外国からの支援を受けているが、それらはミンダナオ、東ティモール、チベット、タイ南部、ミャンマー北部などで起こっている。一九九〇年代の半ばには、東アジアでは国際的に平和が保たれているが、その前の五〇年間には、大きな戦争が朝鮮とヴェトナムであり、アジアの中心勢力である中国は、アメリカと戦っただけでなく、ほとんどの隣国と交戦した。その相手は朝鮮、ヴェトナム、国民党中国、インド、チベット、ロシアなどである。

一九九三年の中国軍の分析によれば、中国の軍事的安全保障を脅かす紛争地帯が八ヵ所あるとされており、中国中央軍事委員会は、一般的に言って東アジアの安全保障は「非常に暗く」見えると考えている。何世紀にもわたる敵対関係のあと、西ヨーロッパは平和になり、戦争が起こるとは考えにくい。東アジアではそうはいかない。そして歴史家のアーロン・フリードバーグが言うように、ヨーロッパの過去はアジアの未来になるかもしれないのだ。

アジアとアメリカの冷戦

アメリカと中国の紛争

このように国際的な環境が変わったため、アジアとアメリカ文明のあいだの基本的な文化的相違点が表面化した。

最も広いレベルでは、アジアの多数の国に広がっている儒教的特徴で、それが重視するのは、権威、階級、個人の権利や利害の軽視、合意の重要さ、対決を避けること、「面子《メンツ》を保つこと」、そして一般に国家が社会に優先し、社会は個人に優先することなどである。それに加えて、自分たちの社会の発展を数百年、数千年の単位で考え、長期的な利益を最大にすることを優先する傾向がある。このような態度は、アメリカ人が最も重視する信念とはまったく対照的である。

アメリカ人は、自由、平等、民主主義、個人主義などを最も重視する。また彼らの傾向としては、政府を信用せず、権威に抵抗し、抑制と均衡を助長し、競争を奨励し、人権を尊重し、過去を忘れ、未来を見つめず、現在の利益の追求に全力をあげる。紛争の根本にあるのは、社会と文化の基本的な違いである。

冷戦の終結、ますます広がるアジアとアメリカの相互関係、アメリカの力が相対的に低下したことなどがあいまって、アメリカと、日本をはじめとするアジア社会との文化の衝突が表面化し、後者がアメリカの圧力に抵抗できるようになった。

中国の発展は、アメリカにとってよりぬきさしならぬ挑戦となる可能性がある。アメリカと中国との争点は、日本との場合よりもはるかに広い範囲にわたり、経済問題、人権、チベット、台湾、南シナ海、兵器拡散などの問題を含んでいる。大きな政策問題で、アメリカと中国が共通の目標をもっているものはほとんどない。その相違は全体におよんでいる。日本との場合と同じように、これらの紛争は多分に両社会の文化の違いに根ざしている。

しかし、アメリカと中国間の紛争には、国力という基本的な問題も存在する。世界でのアメリカの指導権あるいは覇権を、中国は認めたくない。一方アメリカは、アジアでの中国の指導権あるいは覇権を認めたくない。二〇〇年以上にわたって、アメリカはヨーロッパに圧

図表28●民族政策がからむ紛争、1993〜1994年

	文明内	文明間	合計
イスラム	11	15	26
そ の 他	19*	5	24
計	30	20	50

*このうち10件はアフリカでの部族間紛争。
出典：Ted Rebert Gurr, "Peoples Against States: Ethnopolitical Conflict and the Changing World System," International Studies Quarterly,Vol.38 (September 1994), pp.347-348.
ガーによる紛争の分類のうち、中国とチベットのあいだの紛争についてのみ文明内部の紛争としたガーの分類を採用せず、文明間の紛争に分類しなおした。なぜなら、これは明らかに、儒教徒の漢民族と、ラマ教徒で仏教徒のチベット民族の衝突だからである。

図表29●民族紛争、1993年

	文明内	文明間	合計
イスラム	7	21	28
そ の 他	21*	10	31
計	28	31	59

*このうち10件はアフリカでの部族間紛争。
出典：New York Times, Feb. 7, 1993, pp. 1,14.

図表30●イスラム教国とキリスト教国の軍備

	平均軍事力比率	平均軍備比率
イスラム教国（25ヵ国）	11.8	17.7
その他の国（112ヵ国）	7.1	12.3
キリスト教国（57ヵ国）	5.8	8.2
その他の国（80ヵ国）	9.5	16.9

出典：James L. Payne, Why Nations Arm（Oxford: Basil Blackwell, 1989）, pp. 125, 138-139.
イスラム教国およびキリスト教国とは人口の80％以上がその宗教を信仰している国をさす。

倒的な強国が出現するのを阻もうと努力してきた。

中国にたいする「門戸開放」政策から始まって一〇〇年近くのあいだ、アメリカは同様なことを東アジアで試みてきた。東アジアにおける圧倒的な地域大国として中国が出現することは、もしそれがつづけば、アメリカの基本的な利益への挑戦となる。アメリカと中国の紛争の基礎にある問題は、東アジアにおける将来の力のバランスがどうあるべきかについての基本的な違いにある。

中国の覇権――バランシングとバンドワゴニング

東アジアには六つの文明と一八の国があり、経済は急速に成長している。それぞれの社会のあいだには経済的にも社会的にも大きな違いがあり、東アジアでは二十一世紀初頭に考えられる国際関係のいくつかのパターンのどれが現実化してもおかしくはない。おそらく、協調的でありながら利害の相反する面もある、多くの主要国と中規模の国や地域を巻き込んで、非常に複雑な関係が生まれることも考えられる。

あるいは中国、日本、アメリカ、ロシア、そして場合によってはインドも加わり、たがいにバランスをさぐりながら競争するといった多極的な構造をとる可能性もある。そうはならずに、東アジアの政治問題では、中国と日本、あるいは中国とアメリカ間の二極の対立がつづくという構図が支配的になるかもしれない。その場合、他の諸国は一方の側につくかもしれないし、あるいはどちらにもつかないかもしれない。

中国が二十一世紀まで経済の高度成長を持続でき、鄧小平後の時代まで団結を保ち、主導権争いで混乱しなければ、覇権を目指すことになるだろう。それが成功するか否かは、東アジアの力の政治における他の当事者の反応にかかっている。

中国は、歴史、文化、伝統、その領土の大きさ、経済的な活力、自己のイメージなどのすべてから見て、東アジアでの覇権を求めようとするだろう。この目標は、その急激な経済発展から見ても自然なものだ。他のすべての強国、イギリスとフランス、ドイツと日本、アメリカとソ連は、自分たちが急激な工業化と経済成長をはたすと同時に、またはその直後の時期に、領土拡大や強い自己主張、そして帝国主義に走った。経済的、軍事的な力をたくわえたあとで、中国が同じようなことをしないと考える理由はまったくない。

二〇〇〇年にわたって、中国は東アジアで抜きんでた強国だった。その歴史的な役割を回復しようとする意思を、中国はますます強く示し始めている。一八四二年に、南京条約をイギリスに押しつけられたときから始まって一〇〇年以上にわたった、西欧と日本にたいする長い屈辱的な従属の時代に終止符を打ちたいと思っているのだ。

中国の新たな台頭

専門家によれば、中国の急激な興隆は、十九世紀末期のヨーロッパで、ウィルヘルム時代のドイツが支配的勢力として勃興したのに似ているという。新しく強大な勢力が出現すると、かならず大きな混乱がともなう。実際に中国が主要勢力となったら、過去五〇〇年に起こった似たような現象も、すこぶる矮小なものに見えるだろう。

一九九四年に、リー・クワン・ユーが述べている。「世界に占める中国の領土は巨大なもので、三〇年から四〇年ののちには新しい力のバランスを考えださなければならない。それは単に新しい巨大な勢力というだけにとどまらない。人類史上、最大の勢力なのだ」。中国の経済発展が、あと一〇年つづいたら（可能に思える）、そして後継者選びのときにもその団結を維持できれば（できそうに思える）、東アジア諸国はもちろん世界中が、人類の歴史で最大の勢力がますます独断的な役割を演じるのを受け入れざるをえないだろう。

おおまかに言って、諸国家は新興勢力にたいして一つあるいは二つの方法を組み合わせて対応する。

自国のみで、あるいは他の国と協調して、新興勢力にたいし勢力の均衡を維持して（バランシング）自己の安全を護り、その力を封じ込め、必要とあれば戦争をして相手を負かそうとする。さもなくば、諸国家は新興勢力に追随して（バンドワゴニング）それに順応し、新興勢力にとって二次的な、あるいは従属的な立場をとり、自国の基本的な利害が護られることを期待する。

あるいはことによると、バランシングとバンドワゴニングを組み合わせようと試みるかもしれないが、これには新興勢力に敵意をもたせ、それにたいしてなんの防御もできないという危険がある。

西欧の国際関係論によれば、通常はバランシングが望ましく、実際にバンドワゴニングよりも頻繁に使われてきた。この点について、政治学者のスティーブン・ウォルトはこう言っている。

一般に、自国の意図を熟慮すれば、国家はバランシングを選びたくなる。バンドワゴニングは、信頼を必要とするから、危険だ。支配的な国を支援するのは、その国が引きつづき寛容さを保つだろうと期待してのことだ。支配的な国は攻撃的になるかもしれないから、バランシングのほうが安全だ。さらに言えば、弱小国と連携すれば、そのつながりのなかで影響力が増すかもしれない。弱小国はより援助を必要とするからだ。

これからの中国と日本

中国の台頭は日本にとっては大きな難題で、日本はバランシングとバンドワゴニングのいずれの戦略をとるべきか、意見が大きく割れている。なんらかの交換条件、たとえば中国の政治的・軍事的優位を認めるかわりに、経済問題での日本の優位を認めさせるなどして、中国に順応しようとするべきだろうか？

あるいは日米同盟に新しい意味と活力を与えて、中国とのあいだに均衡を保ち、中国を封じ込めるための提携の核となるべきか？　中国からなんらかの侵略があった場合に備えて、自国の軍備拡張を試みるべきか？　おそらく日本は、この問題にたいするはっきりした結論をできるだけ先送りするだろう。

中国との勢力バランスを保ち、封じ込めるための意味ある試みの核になるのは、日米軍事同盟しかないだろう。時間はかかっても、日本がこの目標にそって同盟関係を見直すことは考えられる。日本がそうするためには、次の点で自信をもてるかどうかによる。

①アメリカが世界で唯一の超大国でありつづけ、世界の問題に積極的に指導力を発揮しつづけられるか。
②アジアにおける軍事的プレゼンスおよび影響力を広げようとする中国と戦うことをアメリカが確約するか。
③莫大な資源という犠牲を払うことなく、戦争という大きな危険なしに、アメリカと日本に中国を封じ込める力があるか。

アメリカがはっきりした決意も公約も示していないし、その可能性も低いので、日本は中国に順応することになるだろう。一九三〇年代と四〇年代に、日本は東アジアを征服するという一方的な政策を追求して、壊滅的な結果を招いたが、この時代をのぞいては日本は歴史的にも、自国が適切と考える強国と同盟して安全を護ってきた。

一九三〇年代に枢軸に参加したときでさえ、日本は当時の世界政治のなかで最も強力な軍事志向をもつ勢力と考えた相手と手を結んだのである。

二十世紀の初めに日英同盟を結んだが、当時の世界情勢のなかでイギリスが指導的国家だということをよく認識していたのだ。
一九五〇年代になると、同じように世界で最も強大で、日本の安全を護ってくれる大国であるアメリカと日本は手を結んだ。中国と同じように日本も、国内政治が階層的なので国際政治の問題も階層的なものと考える。日本のある著名な学者は以下のように述べている。

日本人が国際社会における日本の立場を考えるとき、日本の国内モデルから類推することが多い。日本人は国際秩序を、日本の社会の内部では明らかな、縦の組織形態の関連で特徴づけられる文化の形態を外部に示すことだと考える。国際秩序をこのように見るのは、長きにわたった前近代の日中関係（進貢システム）で得た経験によるところが多い。

このように日本の同盟にたいする感覚は「基本的にはバンドワゴニングであって、バランシング」ではなく、「最強国との協調」だった。日本で長く暮らしたある西欧人は、これと同意見だ。日本人は「不可抗力を受け入れ、道徳的にすぐれていると思われるものと協力するのが、他のほとんどの国よりすみやかだ。そして道徳的に不確かな、力の衰えはじめた覇権国からの横暴な態度を非難するのも一番早い」。アジアでのアメリカの役割が小さくなり、中国のそれが増大するにつれ、日本の政策もそれに順応するだろう。

　事実、すでにそれは始まっている。日中関係の基本的な問題は、キショール・マフバーニーの見るところ、「どの国が一番か？」ということだ。答えは明確になりつつある。「口に出して公言したり、了解を示してはいないが、まだ北京《ペキン》が国際的にかなり孤立していた一九九二年に、日本の天皇が中国を訪問したのは意義深いことだ」

転機となる戦争、アフガン戦争と湾岸戦争

断層線の戦争へ

湾岸戦争の最中、モロッコの著名な学者マーディ・エルマンジャはこの戦争を「文明間の最初の戦争」と呼んだ。だが、実際にはこれは二番目の戦争だった。

　最初の戦争は、一九七九年から八九年までのソ連とアフガニスタンの戦争（アフガン戦争）である。どちらの戦争も、一国が他の国を直接侵略したことから始まったが、それが変化して広い意味で文明間の戦争と考えられるようになった。

この二つの戦争は、実際には、異民族間の紛争や異文明に属する集団同士での、異文明間の接点における断層線の戦争（フォルト・ライン戦争）が多発する時代へ移る、転機となる戦争（トランジション戦争）に変化していった。

アフガン戦争は、衛星国の体制を維持しようとしたソ連の介入で始まった。アメリカが強く反発し、ソ連軍に抵抗するアフガニスタンの反乱軍を組織し、資金援助をし、兵器を提供したときから冷戦の枠内の戦いになった。

アメリカ人にとって、ソ連が敗北すれば、共産政権にたいする武力による抵抗を推進するレーガン・ドクトリンが正当化されるし、ヴェトナムでアメリカが受けたのと同じような屈辱を、ソ連が確実に受けることになる。この戦争におけるソ連の敗北はまた、ソ連の社会や政治権力者全体にある事実を浸透させ、ひいてはソ連帝国が分裂する大きな要因ともなった。アメリカ人や西欧人にとって、アフガニスタンは最後の決定的な勝利で、言わば冷戦のワーテルローだったとも考えられる。

だが、ソ連軍と戦った人びとにとっては、アフガン戦争には別の意味があった。西欧のある研究者が述べているが、それは「民族主義や社会主義の基準ではなく」、イスラムの行動基準にのっとっての、外国勢力にたいして成功した初めての抵抗だった。それはジハード

図表31●アフガン戦争におけるイスラム

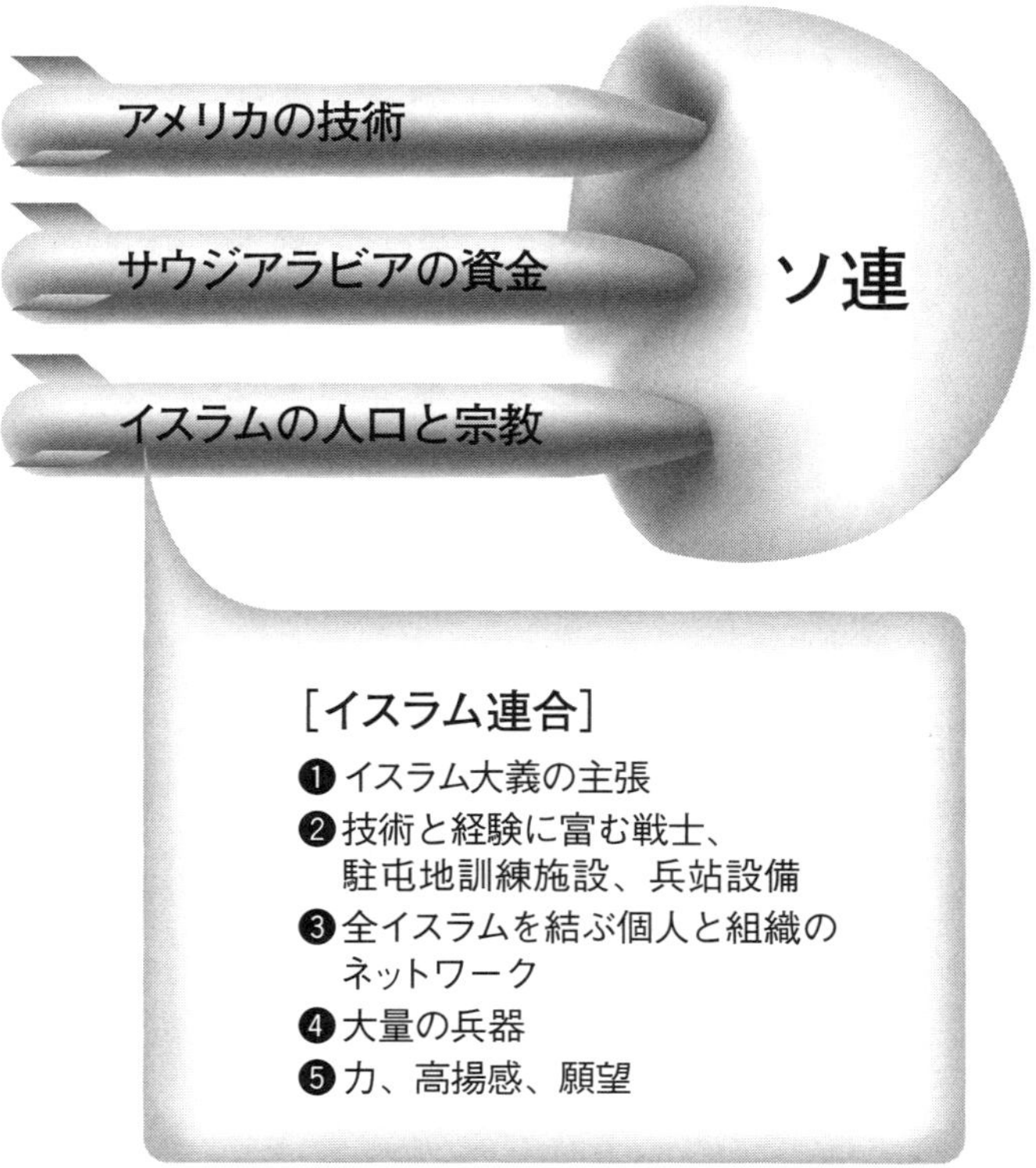

（聖戦）として戦われ、イスラムの自信と勢力が飛躍的に高まることになった。

この戦争がイスラム世界に与えた衝撃は、一九〇五年に日本がロシアに勝ったときに東洋世界に与えた衝撃にも劣らぬものだった。西欧は自由世界の勝利と思ったのだが、イスラム教徒はイスラムの勝利だと考えたのである。

たしかに、ソ連に勝つためにはアメリカのドルとミサイルは不可欠だった。だが、もう一つ欠かせなかったのは、イスラムが力を合わせて戦うことだった。さまざまな政府や集団が、率先してソ連と戦い、自分たちの利益にそった勝利を勝ちとろうと努力した。

この戦争にたいするイスラム教徒からの経済的援助は、主にサウジアラビアが提供した。この戦争中に、約二万五〇〇〇人の志願兵が、他のイスラム諸国、特にアラブ諸国からやってきて戦闘に参加した。これらの志願兵は主としてヨルダンで志願し、パキスタンの陸海空の諜報機関で訓練を受けた。

パキスタンはさらに、抵抗勢力に不可欠な国外の基地と、兵站《へいたん》機能やその他のサービスを提供した。しかもパキスタンはアメリカの資金の分配にあずかり、意図的にこの資金の七五パーセントを原理主義的なイスラム集団に与えて、総額の五〇パーセントがグルブッディン・ヘクマティアルが率いる最も過激なスンニ派原理主義の派閥に流れるよう手配した。

ソ連軍と戦っていながらも、参戦したアラブ人は反西欧的な態度をつらぬき、西欧の人道主義的な援助機関を、不道徳で、イスラムを破壊しようとするものだと非難した。ソ連はついに敗北したが、それには三つの要因があり、それにたいして効果的に対処し、適切に対応できなかったのである。

その三つの要因とは、アメリカの技術、サウジアラビアの資金、そしてイスラムの膨大な人口と宗教的な熱意である。

イスラム教徒の連合

この戦争のあとに残ったものは、イスラム教徒の不気味な連合で、すべての非イスラム教徒軍にたいしてイスラムの大義を主張しようとしていた。また、技術をもつ経験に富んだ戦士、駐屯地、訓練施設、兵站設備のほか、全イスラムを結んで入念につくられた個人と組織のネットワークも残された。また大量の兵器が残され、三〇〇基から五〇〇基のスティンガー・ミサイルの所在が不明である。

そして、特に重要なのは、自分たちが成しとげたことから生まれる力と自信にみちた高揚感と、さらに勝利をおさめたいという突き上げるような願望だった。一九九四年にアメリカのある当局者が述べたように、アフガン戦争の志願兵が「ジハードに参戦する資格は、宗教的にも政治的にも非の打ちどころがない。彼らは世界の超大国の一つを破り、他の一つに対抗しようとしている」のだ。

アフガン戦争は文明間の戦争になった。世界中のイスラム教徒がそう考え、団結してソ連に立ち向かった。

湾岸戦争も文明間の戦争になった。イスラム教徒の紛争に西欧が軍事的に介入し、西欧人は圧倒的にその介入を支持し、世界中のイスラム教徒は、その介入を自分たちにたいする戦争だと見なして、新たな西欧帝国主義と考え、団結してこれに反対した。

アラブとイスラム教徒の政府も、初めのうちはこの戦争にたいして意見が分かれていた。サダム・フセインは神聖な国境を侵犯し、一九九〇年八月にアラブ連盟は圧倒的な多数（一四ヵ国が賛成、二ヵ国が反対、五ヵ国が白票あるいは棄権）でサダムの行動を糾弾した。アメリカが組織した反イラク多国籍軍に、エジプト、シリアは相当数の軍隊を、パキスタン、モロッコ、バングラデシュは少数の軍隊を参加させることに同意した。トルコはイラクから地中海につながるパイプラインの使用を禁止し、多国籍軍に国内の空軍基地の使用を認めた。これらの見返りとして、トルコはヨーロッパの国として認知してもらいたいとの要求を強め、パキスタンとモロッコはサウジアラビアとの密接な関係を再確認し、エジプトはサウジアラビアからの借款を帳消しにしてもらい、シリアはレバノンを手中にした。

対照的に、イラン、ヨルダン、リビア、モーリタニア、イエメン、スーダン、チュニジアなどは、PLO（パレスチナ解放機構）、ハマス（イスラム抵抗運動）、FIS（イスラム救国戦線）などの組織とともに、大多数の国がサウジアラビアから資金援助を受けているにもかかわらず、イラクを支援し、西欧の介入を非難した。インドネシアなど他のイスラム政府は、妥協的な立場をとり、明言を避けた。

イスラム政府の意見は最初分かれていたが、アラブ人やイスラム教徒の意見は、初めから圧倒的に反西欧的だった。

アラブ世界とアメリカ

アメリカのある研究者が、イエメン、シリア、エジプト、ヨルダン、サウジアラビアを訪問したのち、次のように述べている。「アラブの世界は……アメリカにたいする憤慨で沸き返っており、この地球上の最強国にあえて刃向かおうとするアラブのリーダーの出現に、喜びを隠しきれないようだ」。モロッコから中国にいたる数百万人のイスラム教徒がサダム・

フセインを応援し、彼を「イスラム教徒の英雄」と呼んだ。

民主主義のパラドックスは「この紛争の最大のパラドックス」だった。サダム・フセインを支持する声が最も「熱狂的に広がった」のは、政治がより開かれ、言論の自由があまり抑圧されていないアラブ諸国だった。

イスラム教徒がこの戦争を西欧対イスラムの戦争だと考えたために、イスラム世界の内部での反目は弱まり、後回しにされた。以前からあったイスラム教徒内部の相違は、イスラムと西欧という比較にならぬ規模の違いにくらべると些細なものになった。

戦争のあいだ、イスラム教徒の政府や集団は、つねに西欧とのあいだに距離をおくようにした。アフガニスタンでの戦争と同じように、湾岸戦争はイスラム教徒を一体化した。彼らはそれまで、しばしばおたがいに激しく争っていた。アラブの世俗主義者、民族主義者、原理主義者、ヨルダン政府とパレスチナ人、PLOとハマス、イランとイラク、一般的に反体制派と政府などの関係である。サファル・アル・ハウリによれば「イラクのあのバース党員は、何時間かはわれわれの敵だが、ローマは永久にわれわれの敵だ」ということである。

またこの戦争のおかげで、イランとイラクの和解も進んだ。イランのシーア派の宗教指導者は西欧の介入を非難し、西欧にたいするジハードを呼びかけた。イラン政府は、かつての

図表32●湾岸戦争におけるイスラム対西欧の勢力図

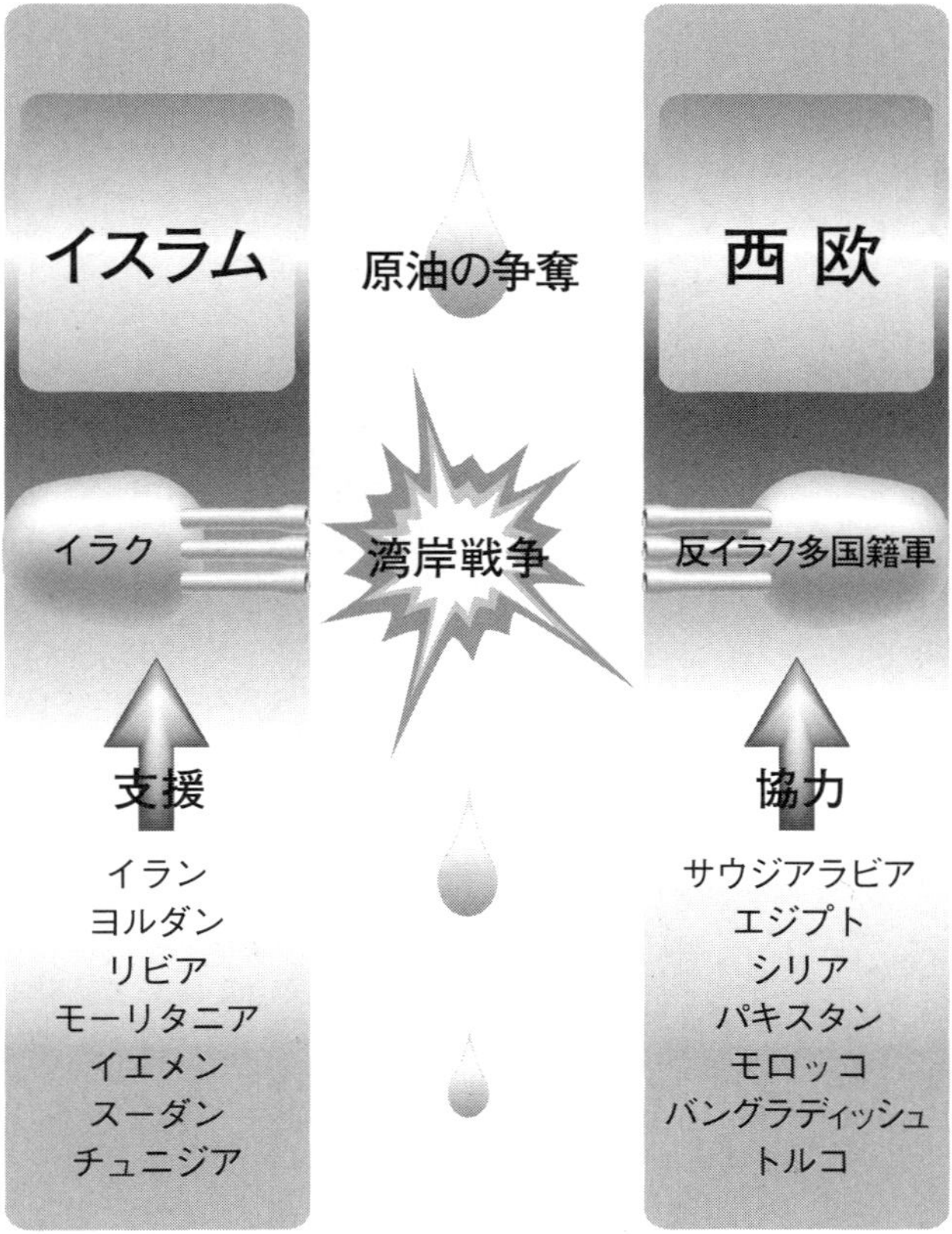

湾岸戦争は冷戦後に初めて起こった、自然資源をめぐる二つの文明間の戦争だった。世界最大の埋蔵原油がこの戦争にかかっていた。イスラム社会ではサウジアラビアなど西欧に近い政権と原油を武器とした反西欧政権のどちらが支配権を握るかの争いだった。

敵に向けられた行動とは一線を画し、戦争のあとにはこの二つの政権のあいだの関係が少しずつ改善された。

湾岸戦争は冷戦後に初めて起こった、自然資源をめぐる二つの文明間の戦争だった。どちらが世界最大の埋蔵原油を支配するのかが、この戦争にかかっていた。自国の安全保障を西欧の軍事力に依存しているサウジアラビアとアラブ首長国連邦政府が支配権を握るか、それとも原油を西欧にたいする武器として使用でき、また実際に使用すると思われる独立した反西欧政権が支配権を握るかの争いだった。

西欧はサダム・フセインを政権から追放できなかったが、ある程度の勝利は得た。湾岸諸国が安全保障を西欧に依存していることを誇示し、平時にもいままで以上の軍事的プレゼンスをペルシア湾に展開することを保証されたのである。戦争前には、イラン、イラク、湾岸協力会議（GCC）、アメリカなどが、ペルシア湾における影響力を確保しようと競いあっていた。戦争が終わると、ペルシア湾はアメリカの湖になった。

フォルト・ライン戦争の特徴

フォルト・ライン紛争とは、異なる文明圏の国家や集団のあいだに起こる、共同社会間の紛争である。フォルト・ライン戦争とは、紛争が暴力化したものである。

この種の戦争は、国家間にも、非政府集団のあいだにも起こるし、国家と非政府集団のあいだにも起こる。国家の内部のフォルト・ライン紛争には、明らかに一定の地域にまとまって暮らす集団が関係する場合があり、この場合には政府に属さない集団は独立を求めて戦うことが多く、独立をはたさぬまま戦闘を終える場合もあるし、独立を達成するまで戦いつづける場合もある。

また国内のフォルト・ライン紛争には、地理的に混在している集団が巻き込まれることもある。その場合、絶えず緊張した関係がしばしば暴力を引き起こす。インドのヒンドゥー教徒とイスラム教徒、マレーシアにおけるイスラム教徒と中国人の関係などがそれだ。ときには本格的な戦闘が起こることもある。

特に新しい国家が誕生し、国境線が決定されたときには、人びとを強制的に分離しようとする暴力的行動をともなう。

フォルト・ライン紛争は、ときには人びとを支配するための戦いとなるが、領土の支配が原因となる場合のほうが多い。少なくとも一方の当事者の目的は、領土を征服してそこから他の民族を追放したり殺したり、場合によってはその両方を同時に行なうことにある。

つまり「民族浄化」によってその土地を自分たちだけのものにすることが目的である。このような紛争は暴力的で、醜悪な様相を呈することが多い。当事者の両方が殺戮《さつりく》、テロリズム、レイプ、拷問などをためらわないからだ。争点となる領土はしばしば、一方または双方にとって、その歴史やアイデンティティの感情に強く訴える象徴的存在であり、侵すべからざる聖なる土地なのだ。ヨルダン川西岸、カシミール、ナゴルノ・カラバフ、ドリナ渓谷、コソボなどがその例だ。

通常、フォルト・ライン戦争は共同体間の戦争（コミューン戦争）の特徴をいくらか備えているが、まったく同じではない。それは時間のかかる紛争である。国家の内部で発生する場合、平均して国家間の戦争の六倍の長さでつづく。

集団のアイデンティティと勢力という基本的な問題がからんでいるので、交渉や妥協で解決するのは難しい。合意ができたとしても、それぞれの側の全員の同意を得られないことが多く、合意は通常長くはつづかない。フォルト・ライン戦争は終わったかと思うとまた始まったりして繰り返され、大規模な暴力に発展したり小競りあいになったり、もやもやとした敵意だけになったりしては、さらに激しさを増したりする。

共同社会のアイデンティティと憎悪に関する火種が、大量虐殺をともなうことなくすっかり消えることはほとんどない。それは長期化する性質上、他のコミューン戦争と同じように、多数の死者や難民が出ることが多い。両者の推計数字は注意して扱う必要があるが、一九九〇年代の初めに継続中のフォルト・ライン戦争における死者数として一般に認められている数字には、フィリピンで五万人、スリランカで五万〜一〇万人、カシミールで二万人、スーダンで五〇万〜一五〇万人、タジキスタンで一〇万人、クロアチアで五万人、ボスニア・ヘルツェゴビナで五万〜二〇万人、チェチェンで三万〜五万人、チベットで一〇万人、東ティモールで二〇万人などがある。これらの紛争のほとんどすべてで死者数よりもはるかに多くの難民を出している。

フォルト・ライン戦争とコミューン戦争

フォルト・ライン戦争は、長期的につづくこと、暴力行為が激しいこと、イデオロギー的に曖昧《あいまい》なことなどで、他のコミューン戦争と似ているが、二つの面で異なっている。

第一に、コミューン戦争は民族的、宗教的、人種的、言語的な集団のあいだで起こる。だが、宗教が文明を規定する最も重要なものなので、フォルト・ライン戦争はたいていの場合、異なる宗教を信ずる人びとのあいだに起こる。専門家のなかには、この事実の重要性を軽んじる者もいる。

たとえば、彼らが指摘するのは、ボスニア・ヘルツェゴビナにおいて「異民族」や異なる言語が使用され、過去には平和的に共存したこと、セルビア人とイスラム教徒の結婚が多かったことなどで、フロイトの「わずかな相違にたいする自己陶酔」に関連づけて、宗教的な要素を無視している。だがその判断は、世俗的な視野の狭さに根ざしている。

数千年にわたる人間の歴史は、宗教が「わずかな相違」などではなく、おそらくは人間と人間とのあいだに介在する最も深刻な相違かもしれないことを示している。フォルト・ライン戦争が頻発し、激しくて暴力的なのは、異なる神を信じることが原因であることが多い。

第二に、他のコミューン戦争は個別的なものであることが多いので、新たな当事者にまで広がらず、その人たちを巻き込むことは比較的少ない。

対照的に、フォルト・ライン戦争は、その定義からも、より大きな文化圏にある集団のあいだで起こる。通常のコミューン戦争では、集団Ａが集団Ｂと戦い、ＡかＢが集団Ｃ、Ｄ、Ｅの利益を直接侵す場合以外は、集団Ｃ、Ｄ、Ｅが巻き込まれる理由はない。

これとは対照的に、フォルト・ライン戦争では、集団Ａ１が集団Ｂ１と戦い、それぞれが戦いを拡大して、文明的に同族に当たる集団Ａ２、Ａ３、Ａ４や、集団Ｂ２、Ｂ３、Ｂ４の

図表33●フォルトライン戦争とコミューン戦争との比較

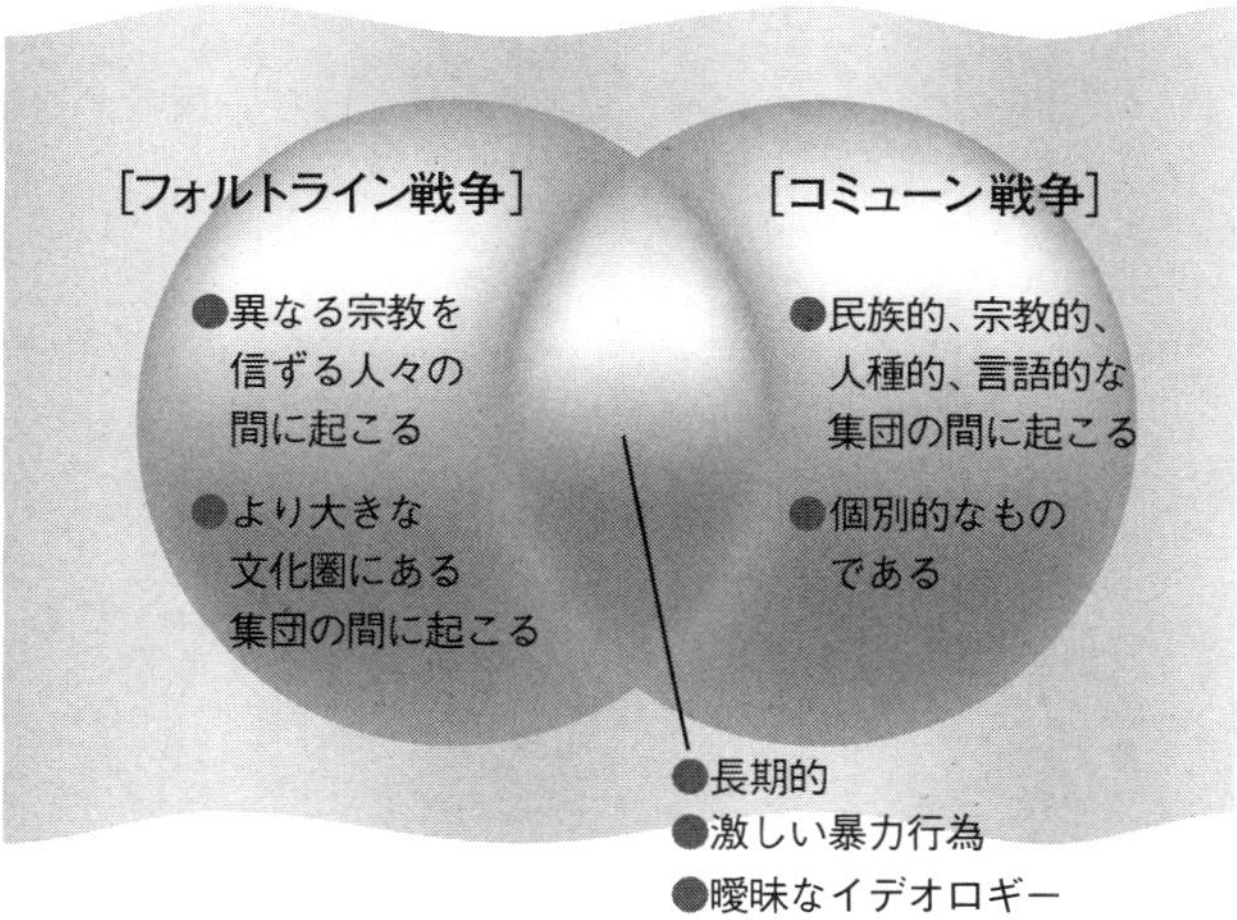
［フォルトライン戦争］
●異なる宗教を信ずる人々の間に起こる
●より大きな文化圏にある集団の間に起こる
［コミューン戦争］
●民族的、宗教的、人種的、言語的な集団の間に起こる
●個別的なものである
●長期的
●激しい暴力行為
●曖昧なイデオロギー

支持を得ようとするし、これらの集団も戦っている同族集団に同化しようとする。

　現代の世界では、交通手段や通信手段が発達したので、このようなコネクションが成立しやすくなっており、そのためにフォルト・ライン戦争の「国際化」が起こっている。

　移民のため、第三の文明に国外離散者《ディアスポラ》が生まれた。通信手段が発達したため、戦っている集団が援助を求めたり、戦っている仲間の運命を同族集団が知ることが容易になった。

　このようにして、世界が相対的に小さくなったため、仲間の同族集団が、戦っている集団に道義的、外交的、資金的、物質的に援助を与えやすくなった——また援助せざるをえなくなることが多くなった。国際的なネットワークのため、このような援助が進み、その援助で当事者は長く戦えるようになり、結果として紛争が長引いている。H・D・S・グリーンウェイの言葉をかりれば、この「文明的な同族国家シンドローム」が二十世紀末のフォルト・ライン戦争の最も重要な特徴である。

西欧の再生はなるか？

「不死の幻影」

あらゆる文明の歴史において、歴史は少なくとも一度は終わり、ときにはたびたび途切れる。

ある文明に普遍的な国家が登場するようになると、国民はトインビーの言う「不死の幻影」に目をくらまされて、自分たちの社会は人間社会の最終的なかたちだと思い込む。ローマ帝国がそうだったし、アッバース朝カリフ国やムガール帝国、オスマン帝国がそうだった。このような世界国家の市民たちは「明白な事実を無視して……そこを荒野における一夜の宿と考えずに、約束の地と考えて人間の努力の目標だと見なしがち」である。同じことが、パックス・ブリタニカについても言える。一八九七年のイギリスの中産階級にとって、「見たところ、彼らにとっての歴史は終わっていた……だから、この歴史の終焉から至福にみちた不滅の国家を贈られたとして祝いあったのも、まったくうなずける話だった」。だが、自分たちの歴史は終わったと考える社会はたいてい衰退に向かっている社会なのである。

西欧は例外的にこのパターンからはずれているのだろうか？　メルコが二つの重要な問いを上手に提起している。

第一に、西欧文明はそれだけで一類をなす新種で、これまでに存在した他のすべての文明と比較のしようがないほど異なっているのだろうか？

第二に、それが世界的に拡大することは、他のすべての文明が発展する可能性をなくす恐れ（あるいは望み）になるのだろうか？

西欧文明の特徴

多くの西欧人の気持ちとしては、当然、両方の問いにイエスと答えたいところである。そして、おそらくそれも正しいかもしれない。だが、過去には他の文明の人たちが同じような考えを抱き、その考えは誤っていた。

西欧が明らかに他の文明と異なっている点は、一五〇〇年以降に存在していた他のすべての文明に圧倒的な影響をおよぼしてきたことである。この文明はまた、世界的に広がる近代化と工業化の先陣を切り、その結果、他のすべての文明が西欧に追いついて富を獲得し、近代化を達成しようとつとめてきた。

しかし、こうした西欧の特徴はとりもなおさず、その発展のしかたや、文明としての変遷のかたちが、他のすべての文明によく見られるパターンと根本的に異なっているということを意味するのだろうか？　歴史に見られる証拠からしても、文明史の比較研究をしている学者の判断からしても、そうではなさそうである。

西欧のこれまでの発展のしかたは、歴史上の文明に共通した発展のパターンからそれほど逸脱してはいない。イスラムの復興やアジア経済の活気が示すように、他の文明は活力にあふれており、少なくとも潜在的に西欧への脅威となっている。

西欧と他の文明の中核国家との大きな戦争が必然的に起こるとは言わないが、起こる可能性がなくはない。戦争のかわりに起こるものとして、二十世紀初頭から始まった西欧の衰退が徐々に、そして不規則に数十年のあいだつづくことも考えられるし、それは今後の数世紀にわたってつづくかもしれない。

あるいは西欧は再生の時期を経て、世界情勢への影響力の衰えを逆転し、指導的な地位を再確認して他の文明から見習うべき手本とされるようになるかもしれない。

アメリカと西欧文明

アメリカの内部からの挑戦はさらに直接的で危険である。

歴史的に見て、アメリカの国家としてのアイデンティティは文化的には西欧文明の遺産によって規定され、政治的にはアメリカ人が圧倒的に賛同するアメリカ的信条という原則によって規定されてきた。すなわち、自由、平等、民主主義、個人主義、立憲主義、私有財産などである。

二十世紀末にはこのアメリカのアイデンティティを構成する部分が両方とも、少数ながら影響力のある知識人や政治評論家からの集中的かつ執拗な猛攻撃にさらされた。多文化主義という名目で、彼らはアメリカの西欧文明との一体化を批判して、アメリカ人に共通の文化があることを否定し、人種や民族をはじめとする国家より下位の文化的アイデンティティや集団の形成を奨励した。

彼らのある報告書によると、彼らが批判するのは、「故意にヨーロッパ文化とそれから派生した文化に偏《かたよ》った」教育がなされていること、「ヨーロッパ――アメリカという単一文化的なものの考え方が支配的」であることだった。

アメリカの多文化主義

歴史家のアーサー・シュレジンジャー・ジュニアによると、多文化主義者は「自民族中心的な分離主義者で、西欧的犯罪以外には西欧文明の遺産にほとんど目を向けようとしない」。彼らの「気持ちはアメリカ人から罪深いヨーロッパの遺産をはぎとり、非西欧文化に贖罪《しょくざい》の精神を求めようというものである」


多文化主義の風潮は、一九六〇年代の人種差別撤廃法につづいて制定されたさまざまな法律にも明らかに見られた。そして、一九九〇年代にはクリントン政権は多様化を奨励することを政権の主要目標の一つに掲げた。この点、過去の政権とはまったく対照的である。

アメリカ憲法の制定者たちは多様性を現実と見て、しかも問題視していた。だから国のモットーとしては「多くのものを一つに」という言葉が、ベンジャミン・フランクリン、トマス・ジェファソン、ジョン・アダムズらからなる大陸会議の委員会によって選ばれた。

のちの政治指導者たちも人種、地方、民族、経済、文化などの多様性にひそむ危険を恐れ（事実、そのために一八一五年から一九一四年の一〇〇年のあいだに最大の戦争が起こった）、「われわれを団結させよ」という呼びかけに応えて、国家の統一をはかることを自分たちの最も重要な責務とした。

セオドア・ローズヴェルトは警告して、「この国を破滅に追いやり、いやしくも国家として存続していくためのあらゆる可能性を阻む唯一絶対の方法は、この国がさまざまな民族同士でつまらぬ争いをしあう混乱の場になることを黙認することであろう」と述べた。ところが、一九九〇年代になると、アメリカの指導者たちはそれを黙認したばかりでなく、自分たちが治めている国民の団結よりも、むしろ多様性を熱心に奨励している。

他の国々の指導者は、すでに見てきたように、ときとして自分たちの文化遺産を否認し、国のアイデンティティを一つの文明から別の文明に移そうとつとめてきた。今日まで彼らが成功した例はまったくなく、それどころか引き裂かれた国を生み出してきた。

アメリカの多文化主義者も同じように自分たちの国の文化遺産を否認している。だが、彼らはアメリカを別の文明と一体化させようとするのではなく、多くの文明からなる一つの国をつくりたいと願っている。つまり、どの文明にも属さず、文化的な核をもたない国にしようというのである。

歴史の教えるところでは、そのように構成された国が緊密に結合した社会として永続できたためしはない。多文明的なアメリカはアメリカではなくなり、連合国家になるだろう。

多極的世界の戦争と秩序

来るべき時代の異文明間の大規模な戦争を避けるには、中核国家は他の文明内の衝突に介入するのをつつしむ必要がある。

これは真理であるが、一部の国家にとって、ことにアメリカにとってはなかなか容認できない真理であることは疑いない。他の文明内の衝突に中核国家が干渉しないという、この不干渉ルールは多文明的かつ多極的な世界にあっては平和の第一条件である。

第二の条件は共同調停ルールであり、中核国家がたがいに交渉して自分たちの文明に属する国家や集団がかかわるフォルト・ライン戦争を阻止または停止させることにある。

図表34●多文化国家アメリカ

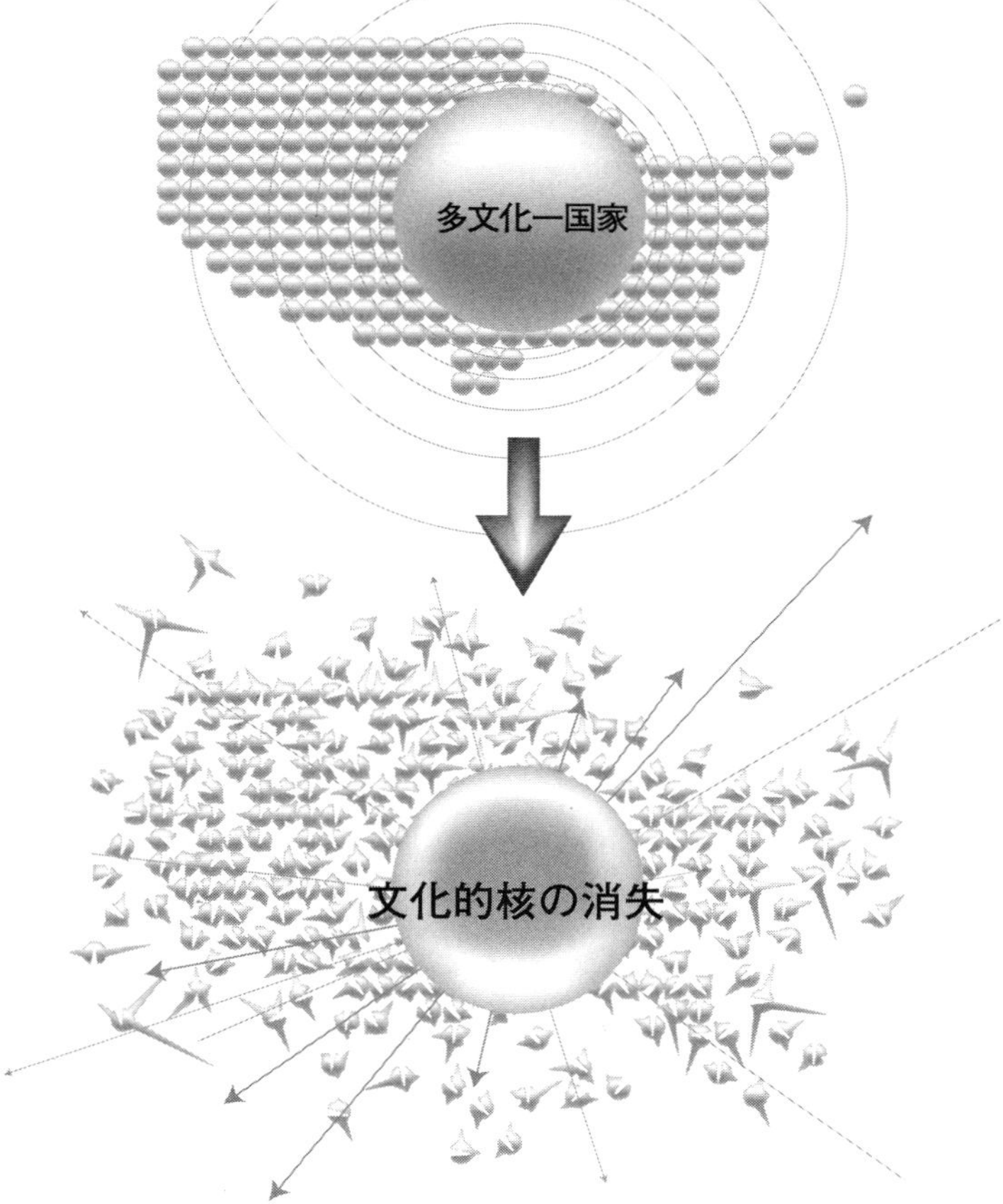

アメリカの国家としてのアイデンティティは文化的には西欧文明の遺産によって規定されてきたが、二十世紀末にこのアイデンティティが猛攻撃にさらされている。クリントン政権は多様性を奨励する点で、過去の政権とは対照的である。

文明の共通した特性

普遍主義と相対主義

アメリカには国内で多文化主義を奨励する人もいれば、海外での西欧文化の普遍性を説く人もあり、両方を主張する人もいる。

国内での多文化主義はアメリカと西欧を脅かし、海外での普遍主義は西欧と世界を脅かす。両者とも西欧文化の独特な特性を否定している。

世界的な単一文化を唱える人びとは世界をアメリカのようにしたいと思い、国内の多文化主義者はアメリカを世界のようにしたいと思うのだ。

多文化的なアメリカはありえない。というのも、非西欧的なアメリカはアメリカではないからだ。世界帝国がありえない以上、世界が多文化からなることは避けられない。アメリカと西欧を保持していくには、西欧のアイデンティティを一新する必要がある。世界の安全を護るには世界の多文化性を認めなくてはならない。

西欧文化の普遍主義の空疎さと世界の文化の多様性という現実は、必然的かつ不可逆的に道徳と文化の相対主義を招くのだろうか?

普遍主義が帝国主義を自分の子供として認めるとすれば、相対主義は抑制を自分の子供として認めるのだろうか?

くどいようだが、この問いにたいする答えはイエスであり、ノーである。文化は相対的であり、道徳は絶対なのだ。

マイケル・ウォルツァーが主張するように、文化は「濃密」だ。それはある特定の社会の社会制度や行動パターンを規定し、人びとを正しい道に導く。だが、こうした最大限の道徳観を超えて、そこから生まれてくるのが「わずかな」最小限の道徳観で、それは「濃密な特定社会の道徳観に繰り返しあらわれる特性」を示す。

真理と正義という最小限の道徳観念は、濃密な道徳観すべてに見出され、それらと切り離すことはできない。また最小限の道徳的な「禁止命令」もあり、「たいていは殺人や詐欺、拷問、迫害、専制政治を不可とする決まり」である。

人間が共通してもっているものは、「共通の文化への傾倒よりも、むしろ共通の敵「もしくは悪」の自覚」である。人間社会は「人間のものであるがゆえに普遍的であり、社会であるから特殊なのである」。

ときとして、われわれは肩を並べて行進する。ほとんどの場合、われわれは自分たちだけで行進する。それでも「わずかな」最小限の道徳観は人間に共通する状況から生まれるもので、人間の「普遍的な性質」はあらゆる文化に見出される。

多文明世界における文化の共存

ある文明の普遍的と目される特質を助長するかわりに、文化の共存に必須であるとして求められるのは、ほとんどの文明に共通な部分を追求することである。多文明的な世界にあって建設的な行きかたは、普遍主義を放棄して多様性を受け入れ、共通性を追求することである。

少なくとも基本的な「わずかな」道徳レベルで、アジアと西欧には共通した特徴がいくつか存在する。さらに言うと、多くの人が指摘してきたことだが、世界の主要宗教——西欧キリスト教、東方正教会、ヒンドゥー教、仏教、イスラム教、儒教、道教、ユダヤ教——によって人類がどれほど分裂しているにせよ、これらの宗教もまた重要な価値観を共有している。人類が世界文明を発展させることがあるとすれば、それはこうした共通の特徴を追求して拡大していくことによって徐々にあらわれてくるだろう。

そこで、不干渉ルールと共同調停ルールに加えて、多文明世界の平和のための第三のルールは共通性のルールである。あらゆる文明の住民は他の文明の住民と共通してもっている価値観や制度、生活習慣を模索し、それらを拡大しようとつとめるべきなのである。

こうした努力が役に立って文明の衝突が抑えられるだけでなく、単数形の文明が強化されることにもなる。単数形の文明がさしているのはおそらく、高いレベルの道徳性、宗教、学問、芸術、哲学、技術、物質的な幸福などのほかにも、たぶんいろいろとあるだろう。

言うまでもなく、これらが文明によって異なるとはかぎらない。だが、学者はあっさりと文明史のなかで、文明をレベルの高いものと低いものに区別する。そこが問題だ。

いったいどうやって人類の文明の発達の上下を位置づけできるのか？　個々の文明より勝っていて、高いレベルの文明に向かう一般的かつ世俗的な傾向があるのだろうか？　そのような傾向があるとして、それは近代化、つまり人間がしだいに環境をコントロールするようになり、その結果ますます高度で複雑な技術と物質的な幸福を生みだすようになったプロセスの産物だろうか？　現代にあっては、高度の近代性は高いレベルの文明の必要条件なのだろうか？　あるいは文明のレベルは主に個々の文明の歴史の範囲内で変化するものなのだろうか？

この問題もまた、歴史の直線性あるいは周期性をめぐって議論があることの証拠である。思うに、人間社会とその自然環境についての高度の教育や自覚、理解によって、近代化は進み、人間の道徳性は発達していくのだが、それがますます高いレベルの文明へ向かう継続的な動きをつくりだすのだ。それにかわる考えかたとして、文明のレベルは文明の発展段階を示すにすぎないのかもしれない。

最初に文明があらわれるとき、その住民はたいてい元気がよく、精力的で粗暴であり、つねに場所を移動し、拡大主義者である。彼らは比較的に文明化していない。その文明は発達するにつれて落ち着き、技巧や技術を発達させて、より文明化していく。

平和と文明の将来

文明内部の構成要素の競争がしだいにおさまって普遍的な国家があらわれるようになると、その文明は最高のレベルに達し、道徳、芸術、文学、哲学、技術、軍事、経済、政治の能力が開花する「黄金時代」となる。

それが一つの文明として衰え始めると、その文明としてのレベルも衰え、ついには低レベルの文明ながら台頭してくる異なる文明の猛攻撃にあってあえなく姿を消すことになる。

近代化によって一般的に文明の物質的レベルは世界的に高まった。だが、それによって文明の道徳的および文化的側面も高まっただろうか？　いくつかの点では高まったと言えるようである。奴隷制、拷問、個人にたいする激しい虐待は現代の世界ではしだいに容認されなくなってきた。しかし、これはひとえに西欧文明が他の文化に影響を与えた結果であろうか、そしてそれゆえに西欧の力が衰退すれば道徳の後退が起こることになるのだろうか？

一九九〇年代には、世界情勢はまさに「混沌」のパラダイムそのものと思わせる証拠がたくさん見られる。法と秩序が世界的に崩壊し、世界の多くの地域で見捨てられた国家や無秩序状態が見られるようになったほか、世界的に犯罪が急増し、国境を越えたマフィアや麻薬カルテルが出現し、多くの社会で麻薬常習者が増え、家族の絆《きずな》が全般的に弱まり、多くの国々で信頼や社会の連帯感が失われ、世界の随所で民族や宗教や文明の違いが原因の暴力が多発し、銃による支配が横行している。

都市という都市——モスクワ、リオデジャネイロ、バンコク、上海《シャンハイ》、ロンドン、ローマ、ワルシャワ、東京、ヨハネスブルク、デリー、カラチ、カイロ、ボゴタ、ワシントン——で犯罪が急増し、文明の基本的な要素が消失しかけているようだ。人びとは政治の世界的な危機を口にする。財貨を製造する多国籍企業の急増に合わせるかのように、ますます国際的な犯罪マフィアや麻薬カルテル、さらにはテロリスト集団が増えて、文明に激しく襲いかかる。

法と秩序は文明の第一の必須条件なのに、世界の多くの地域——アフリカ、ラテンアメリカ、旧ソ連、南アジア、中東——では、それが跡形もなく消失しかけていて、中国や日本、西欧もやはり重大な危機にさらされているようだ。

世界的に見て、文明は多くの点で野蛮な行為に屈しているようで、前例のない現象というイメージが浮かんでくる。つまり、ことによると人類が世界的な「暗黒時代」に襲われているのではないかというイメージである。

一九五〇年代にカナダの政治家レスター・ピアソンは警告を発した。人類が向かっているのは「さまざまな文明が平和的に相互交流し、協力して生きていくことを学ばなければならない時代である。たがいに学びあい、相手の歴史や理想や芸術や文化を研究し、たがいに各自の生活を豊かにしていくのだ。それ以外の道を選べば、この過密で小さな世界では、誤解と緊張、衝突、破局を招くばかりである」と。

平和と文明の将来は世界の主要文明の政治的、精神的、知的指導者たちの理解と協力いかんにかかっている。文明が衝突すれば、ヨーロッパとアメリカは団結（hang together）するだろうし、そうしなければ別々に絞首刑（hang separately）に処せられるだろう。より大きな衝突、つまり文明と野蛮な社会とのあいだで世界的な「真の衝突」が起こった場合、高度な宗教、芸術、文学、哲学、科学、技術をもち、道徳と寛容の精神にみちた世界の大文明は同じように団結するか、別々に絞首刑に処せられるしかない。

来るべき時代には文明の衝突こそが世界平和にとって最大の脅威であり、文明にもとづいた国際秩序こそが世界戦争を防ぐ最も確実な安全装置なのである。

解　題

京都大学教授　中西輝政

「ハンチントン理論」の衝撃

明晰な分析で見通した「時代の直感」

サミュエル・ハンチントンの「文明の衝突」論が、一九九三年の夏、初めて世界の論壇に登場したときの衝撃は、今でも忘れることはできない。個人的には、私自身が冷戦後の世界秩序のあり方について、似たような方向で考えを進めており、ある出版社からの話もあって、それをともかく一冊の本にまとめようとしていた矢先のことであった点も大きかった。

しかし何よりも「文明の衝突」が衝撃的であったのは、その内容と議論の鋭角的な輪郭がもつインパクトであった。二十一世紀の世界は、当時支配的な見方であった「グローバルな国際社会の一体化が進む」という方向ではなく、むしろ数多くの文明の単位に分裂してゆき、それらが相互に対立・衝突する流れが新しい世界秩序の基調となる、という彼の議論を雑誌『フォーリン・アフェアーズ』(九三年夏号)で初めて目にしたとき、私は自分がそれまで考えてきた二十一世紀の世界像を、はるかに明晰かつ強烈に展開している「ハンチントン理論」の衝撃力に、〝目まい〟に似た感覚すら覚えたものであった。実際、正直いってそれは、「やられた」という気持ちであった。

まだ八〇年代の「国際化」とバブル気分の余韻が残っていたこの時期の日本では、「ベルリンの壁」の崩壊と冷戦の終焉は、市場経済と民主主義がのっぺらぼうに世界をおおい文字通り「一つの世界」が現出する時代が来た、という〝新秩序〟イメージを人々が素朴に信じていた時代だった。しかし、現実にあらわれつつあった世界は、民族や宗教の違いに根ざす、かつてのイデオロギー対立よりもはるかに鋭く根深い対立が多くの地域紛争を引き起こしつつある世界であった。しかし実は、この調和と安定を強調する「イメージ」と、他方で目の前に現われつつあった「新しい現実」との狭間ですでに人々は当惑し始めていたのだが、そのことを明確に説明してくれる体系だった議論は、当時世界を見わたしてもほとんどない状況であった。

本来、学者というものは、一つの理論を提示するとき、何らかのインスピレーションを内に秘めつつも、数多くの事実やデータをつき合わせ長期にわたる自己検証を経て、しかるのちにそれを世に問うものである。また、そのときでさえ、自分が提起しようとする理論が、世の中の一般的な見方、既存の価値観や評価の基準に照らして、果してどう位置づけられるのか、といった「俗事」にとらわれやすい。日本の学者や評論家にはとくにこの後者の傾向が強い。「文明の衝突」論も、駆け出しの、あるいは新進気鋭の学者によって唱えられていたら、その衝撃力も限られたものであったろう。しかし、多くの人々が内心で「もしかしたら、今後の世界はこれまで鳴りもの入りで言われてきたバラ色の〝新秩序〟ではなく、何かもっと深いマグマが噴き上げてくるようなものになるのではないか」と思い始めていた丁度そのときに、アメリカを代表する国際政治学者として、あのキッシンジャーと並び称されてきたハーバードの代表的知性の一人、サミュエル・ハンチントンがまさにズバリとこの間隙を突いたのが、「文明衝突」論であった。九三年夏という時点で、人々の何とはなしに感じ始めていたこうした「時代の直感」を、余すところなく、おそらくは一二〇パーセントの明晰さと踏み切りの良さでもって、世界に問うたのが先の『フォーリン・アフェアーズ』論文だったのである。

「ピルグリム・ファーザーズ」＝アメリカを体現する理論家

ハンチントン教授が、なぜ世界に先がけてあれほど体系だった形で文明衝突論を唱えることができたのか。それは国際政治学者としての卓越した洞察力とキャリアもさることながら、すでに冷戦終焉にはるかに先立つ時期から、世界秩序の底流に見え始めていた「新しい現実」にいちはやく目を向ける大きな視野の研究に教授が携わってきたことが大きかったように思われる。七〇年代末から彼は、世界における民主化の趨勢《すうせい》の実態とそれが世界秩序に対してもつ意義について、各地域・各国、あるいは各個人の中に生じている現実の価値観や精神構造の変容を具体的に追う作業に従事していた。

八〇年代半ば、いまだベルリンの壁が厳然として存在していた頃、アメリカ留学中だった私は、米国の国際政治学者や思想家の中でも、とくに洞察力に秀れた深い学識をもつ人々は、すでに冷戦を超えて二十一世紀を見通すような視野をもって、マクロ的な世界秩序の変容の方向を探り始めていることを知り驚かされたものである。実は、日本人の多くのように、「冷戦が終わってから、冷戦後の世界を考え始める」のでは、すでに認識上の〝敗者〟となることが運命づけられていた。いわんや、「冷戦後の世界は、平和と協調の時代となり、軍事力や国家というものがその意義を失う時代となる」、といった戦後日本的な〝ユートピアニズム〟が改めて唱えられていたわが国の知的風土ではとても歯が立つわけはなく、この十年余り二十一世紀の世界像について、くりかえし日本の認識と対応が混乱を重ねてきたのも必然といえた。

しかし「ハンチントンの衝撃」が世界的にもあれほど大きかったのは、彼が戦後のアメリカを代表するような国際政治学者の一人であると共に、アメリカの知的社会においても「主流中の主流」と見られてきた、いわば〝大御所〟的な権威を帯びた知識人であったところが大きい。実際、彼は十七世紀初頭、東部イングランドからマサチューセッツへ初めて移民した「ピルグリム・ファーザーズ」と呼ばれる人々の中に直系の先祖をもつ、いわば「アメリカ」を体現するような家系の出身でもある。若くしてハーバードの俊秀として将来を嘱望される学者としてのスタートを切り、朝鮮戦争・ベトナム戦争を現地で体験し、またケネディ政権とカーター政権においてはホワイトハウスで外交・安全保障の政策立案に携わった経歴をもつ、いわばアメリカの「国家戦略」を生涯のキャリアとしてきた人物でもある。当然、多くの著作を刊行してきたが、若い時期に出した『軍人と国家』(一九六四年)は、民主主義において政治家が軍部をどう動かしてゆくべきか、いわゆるシビリアン・コントロールについて考えるときの古典的書物の筆頭につねに挙げられてきた。

皮肉な結論――F・フクヤマ理論を超えて

このような、名実ともにアメリカ国家と社会の〝主流中の主流〟に属するハンチントン教授が、「二十一世紀の世界は、民主主義によって一つの世界が生まれるのではなく、数多くの文明間の違いに起因する、分断された世界になろう」という、およそ「非アメリカ的」な世界像を、しかもあれほど突出した形で切り込むように世界に提起したことに、欧米世界では多くの人々が驚いた。

あの『歴史の終わり』を著わし、ベルリンの壁の崩壊に先立って、冷戦後の世界のあり方をいちはやく世に問うた、同じくアメリカの国際政治学者で思想家のフランシス・フクヤマを知る人々はわが国にも多いだろう。フクヤマは、二十一世紀の世界は、グローバルに民主主義と市場経済秩序が定着し、もはやイデオロギーなどの大きな歴史的対立がなくなる〝歴史の終わり〟という時代となろう、と予言したが、この世界ヴィジョンこそ、「アメリカン・ウエイ・オブ・ライフ」が世界を覆うという、典型的な「アメリカ的世界像」を描くものであった。

つまり、大変皮肉なことに、日系三世のフクヤマがもっとも「アメリカ的」な世界像を唱え、ピルグリム・ファーザーズ直系のニュー・イングランド人（典型的アメリカ人）のハンチントンがもっとも「非アメリカ的」な世界像をそれぞれ世界に提起したわけである。一体、この「皮肉」は何に由来しているのであろうか。私の見るところ、これは決して個人的な次元に帰し得ない、二十一世紀のアメリカと世界に関わる本質的な問題を内包するもののように思われる。少なくとも、ハンチントンの「文明の衝突」理論を読み解くもっとも重要なカギの一つが、ここに潜んでいるように思われるのである。

「文化多元主義」とハンチントンの視点

本書の最後の部分にある「文明の共通した特性」（邦訳書『文明の衝突』集英社刊では、第5部第12章）の個所に出てくる次の部分は、このことを考える上で大変、示唆的である。

「アメリカには国内で多文化主義（アメリカは西欧文化の国と考えるべきではない、という主張。以下カッコ内は中西注）を奨励する人もいれば、海外での西欧文化の普遍性を説く人もあり、両方を主張する人もいる。国内での多文化主義はアメリカと西欧をおびやかし、海外での普遍主義は西欧と世界をおびやかす。両者とも西欧文化の独特な特性を否定している。世界的な単一文化を唱える人びとは世界をアメリカのようにしたいと思い、国内の多文化主義者はアメリカを世界のようにしたいと思うのだ。（しかし、）多文化的なアメリカはありえない。というのも、非西欧的なアメリカはアメリカではないからだ。（また）世界帝国がありえない以上、世界が多文化からなることは避けられない。

アメリカと西欧（の覇権）を保持していくには、西欧のアイデンティティを一新する必要がある。世界の安全を守るには世界の多文化性を認めなくてはならない。」

ここから読み取れることは次の二つである。第一は、アメリカを多文化社会にしてはならない、ということ。第二に、アメリカと西欧は、世界を多文化的な存在（つまり多くの文明から成るということ）として認め、決して単一文化（つまり西欧的文化）に染め上げようとしてはならない。もしそうすれば、今後も保持してゆかねばならない欧米の、あるいはアメリカの世界におけるリーダーシップ（ないしは優越した地位）が、むしろ早期に覆《くつがえ》される危険が生じる、ということである。

今日、アメリカで言われる「文化多元主義《マルチ・カルチュラリズム》」あるいは「多文化社会」論というのは、アメリカという国の文化は、決して単一の西欧（あるいは白人）文化に限定されてはならず、黒人、ネイティブ・アメリカン、ラテン系アメリカ人、アジア系（あるいはユダヤ系）その他の、非西欧文化もそれぞれ西欧文化と対等の存在としての地位を認められねばならず、言語や歴史、その他社会全般に関わる認識や教育、公共政策の方向もそれを助長させるものでなければならない、という主張である。

この主張の影響力は日本にいるとわからないが、アメリカでは近年ことのほか強まっており、大学や知識人社会ではもはやそれに疑問をさし挟むことさえ難しいほどの、知的・社会的拘束力をもつものとなっている。

それゆえ、本来の意味で良心的な学者は、たとえばアメリカの歴史が、学校ではコロンブスのアメリカ発見ではなく、ネイティブ・アメリカンのアメリカ大陸定住から延々と説き起こす形で教えられ、「白人の侵略」といった言葉や、「英語以外にも国語の制定を」といった運動が市民レベルでも大手を振ってまかり通る、という現状に不満と懸念を深めてきたのである。

なぜなら、それはアメリカの社会を分裂と混乱に向わせ、アイデンティティの一大喪失を招くことが、洞察力のある人なら誰の目にも明らかだからである。この点についてはすでにわが国でも話題となったアラン・ブルームの『アメリカン・マインドの終焉』(みすず書房)や、本書の中でハンチントンも度々引用している、アーサー・シュレジンジャー・Jr.の『アメリカの分裂』(岩波書店)などが、危機感をもって取り上げてきたところである。実際、現代アメリカのどんな事象を観察する際にも、この「文化多元主義」vs.「西欧アイデンティティ論」という対立軸をつねに意識して見てゆく必要がある、といっても過言ではないほど、この「軸」がアメリカ人の意識を強く拘束している。

「日本の選択」と「ハンチントン理論」

国家戦略論としての「文明の衝突」理論

このように見てくると、ハンチントンが「文明の衝突」理論を唱えた真の動機が明らかとなる。

その第一は、アメリカと西ヨーロッパを単一の文明共同体として強調し、それが世界で他の文明と対峙し、衝突の危険さえ潜在していると説くことによって、米国内における「西欧アイデンティティ」論の大切さに目を向けさせ、大きな視野から文化多元主義に対抗する拠点を人々に提供するという狙いである。

第二に、世界には西欧文明とは根本的に異なる多くの文明が互いに分立・対峙している姿を説くことにより、アメリカ人に対し、世界の中で現在の西欧が依然として保持している相対的な優位と覇権（ないしリーダーシップ）を守るためには、西欧文明を「普遍」と思い込んで世界に押しつけていってはならないと訴えるのである。なぜなら、その場合、「西欧」は世界中を敵に回し、本来ならもっと長続きしたはずの「西欧の優位」を早期に失うことになる、と考えるからである。

そこでの「西欧」の、世界に対するあるべき対し方は、非西欧世界の中に根深く存在する諸文明間の分裂と対立を視野に入れ、「西欧vs.非西欧」の対立軸を避けつつ、いわば非西欧世界を「分割統治」しうる、という可能性をつねに模索するようアメリカ人に訴えるもの、といってよいかもしれない。このようにして「西欧の優位」という一点において、上述の第一と第二の点が見事に収斂《しゅうれん》してくるのである。まことに見事な国家戦略論と言う他はない。

日本人とハンチントン理論の価値

このように見てくると、もしかすると、非西欧世界の一員でもある我々日本人としての立場からは、一体どのようにハンチントン理論をとらえ、評価したらよいのか、という新たな戸惑いが生じるかもしれない。

しかし、私自身の立場はきわめて明瞭である。それは、我々はハンチントン理論を、知的業績として高く評価しうるし、全体としてその訴えるところに深く耳を傾けるだけの価値をもつものであると同時に、現代の日本人にとって、きわめて重要な意義を有するもの、という評価である。

まず何をおいても、本書で、あるいは彼が自らの理論を最も広汎に論じ尽した『文明の衝突と世界秩序の再編』(邦訳『文明の衝突』集英社刊)において取り上げ、論証しているところが大筋において学問的に適格かつ公平であり、同時にしばしば深い知的洞察に溢れたものであるからである。さすがは世界一流の政治学者、文明論者、として頷かされる個所に随所で出会う。

第二に、これだけの権威が、これほどの素直さで欧米から見た「世界の実相」を語る書物は近年珍しく、とかく日本国内で建前的な議論や非現実的な世界観しか与えられない日本人の読者にとって、「世界の実相」、とくに欧米の主要なリーダーが本音に近い部分で世界をどう見ているかを知る上で、本書は誠に貴重な一作であるといえよう。おそらく上述のように、アメリカ国内に残存する奇妙な理想主義者の陣営に論争を挑み、「アメリカのアイデンティティと大きな国益を守らねば」、というハンチントンの使命感と危機感が、このような例外的に率直な叙述を引き出したのであろう。また、エコノミストの発言力が強い日本の知的社会では、経済人を中心にバランスを失した「グローバリズム」論によって歪んだ世界観に陥っている日本人が多い現状を考えれば、「文明の衝突」論は、きわめて健全なバランス効果をもつはずである。

第三に、ハンチントンは、トインビー、シュペングラーといった文明史の代表的論者が繰り返し強調してきた、日本文明の独自性に関する議論を踏まえて、日本の文明的アイデンティティがきわめてはっきりとしたものとしてあり、それは中国文明（本書では中華文明）を始めとする他のアジア文明とは全く異質の、それ自体独立した一個の大文明（西欧、イスラム、中華など他の諸文明と並立するという意味で）である、という見方をしている点である。

これは一日本人として私自身がこれまで研究してきた結論と一致している。

戦後の日本人にとっては、「日本独自の文明など、果してあるのだろうか」という疑問が先に立つほど、我々は「日本」についてネガティブな感覚に浸ってきたところがある。また、「戦前の日本で唱えられたような危険な〝一人よがり〟につながるのでは……」といった非歴史的な決まり文句もつぶやかれるかもしれない。

しかし、この見方はハンチントンだけでなく、西欧の文明史論者がつねに言ってきたところなのである。「日の丸・君が代」の論争の中でも見られたように、戦前や戦争中に存在したものは全て軍国主義につながるもの、といった極端な自己否定、アイデンティティ否定は、本来、人間性から見てきわめて不自然なものであっただけでなく、知的・学問的に見てもきわめて不正確なものであったと言わなければならない。

おそらく、戦後世代が作り出した現代日本をめぐる倫理的・精神的混乱や教育の荒廃の根源は、ここにあったのかもしれない。この点をめぐる私自身の見解を具体的に展開するのは、別の機会に譲らねばならないが、今日、新たな歴史資料の発掘から、戦後のアメリカの占領政策に対して、日本の文化的伝統を余りにもドラスティックに破壊し過ぎるとして、これを「不当」とする見方を堅持していたアメリカの知識人が思いのほか多かったことがわかってきた。その意味で、これは「ダグラス・マッカーサーが犯した誤《あやま》ちを、サミュエル・ハンチントンが正している」という見方すらできよう。

第四に、ハンチントン理論が日本人にとってもつ意義は、二十一世紀の日本が、アジアと世界において、とるべき重要な指針を我々に示唆している点である。それはひとえに中国をどのように見て、これとどう対すべきか、という点に収斂する。

「日本の選択」としての「文明の衝突」論の意義

私自身とハンチントンとは、中・長期的な中国の将来像については大きく見方を異にする。本書においても繰り返されている通り、ハンチントンは全体として中国は今後も安定して経済の急速な成長を続ける、という見方に傾いているが、私は長期的に見て中国という社会は大きな変動に直面し、「二十一世紀の超大国」の座を現実のものとする可能性はまずないであろうと考えている。この点についてもここで詳細に展開できないのは残念だが、二十一世紀に入ると時間が経つにつれ「分裂する中国」という文明史的特質が浮上してくるはずである。

しかしそれまでの間、日本と世界は「膨張志向」が強く残っている現在の中国に対処する必要、という現実的課題に直面しつづけることもたしかである。とりわけ近年の中国が、経済の発展が減速し始める中で突出した軍事増強路線を続けており、共産党の独裁体制が続く限り、どうしても性急なナショナリズムやアジアの覇権に手を伸ばそうとする志向はなくならないことがはっきりしてきた。日本にとっては、同じ〝覇権主義〟であっても、このような未成熟で「粗野」な「覇権」よりも、アメリカの成熟し経験済みの「覇権」の方が、誰が見ても相対的には好ましいはずである。

しかし、そのとき、「日本はアジアの友を見捨て、西欧の味方をするのか」という、元来誤ってはいるが、どうしても〝直き心〟あるいは「実直なる日本人」(司馬遼太郎氏の表現)の心の琴線に触れる問いかけが起るかもしれない。しかしこれに対しても、日本人が自信をもって返答でき、文明のアイデンティティと大きな国益が両立する「日本の選択」のあり方を示唆している点で、ハンチントンの示す道は、二十一世紀に入っても当面、日本人にとり大きな意義をもつものであることは間違いないであろう。

JAPAN'S CHOICE IN THE 21ST CENTURY

which will consist of following works
all
by Samuel P. Huntington

This translation published by arrangement
with Samuel P. Huntington c/o Georges Borchardt, Inc
through The English Agency (Japan) Ltd.

サミュエル・ハンチントン

一九二七年ニューヨーク生まれ。ハーバード大学政治学教授。同大学ジョン・オリン戦略研究所ディレクター兼務。一九七七〜七八年国家安全保障会議、安全保障政策担当コーディネーターを務める。アメリカを代表する戦略論の専門家。本著に先立つ『文明の衝突』は世界的ベストセラー。他に『変革期社会の政治秩序』『軍人と国家』『第三の波：二十世紀後半の民主化』など。

鈴木主税（すずき　ちから）

一九三四年東京生まれ。翻訳家。W・マンチェスター『栄光と夢』で翻訳出版文化賞を受賞。訳書にJ・トレガー『世界史大年表』、ビル・エモット『日はまた沈む』、ポール・ケネディ『大国の興亡』。著書に『私の翻訳談義』など。

文明《ぶんめい》の衝突《しょうとつ》と21世紀《せいき》の日本《にっぽん》

集英社新書〇〇一五A

二〇〇〇年一月二三日　第一刷発行
二〇二四年六月　八　日　第三七刷発行

著者……サミュエル・ハンチントン　訳者……鈴木主税《すずきちから》

発行者……樋口尚也

発行所……株式会社集英社
東京都千代田区一ツ橋二-五-一〇　郵便番号一〇一-八〇五〇
電話　〇三-三二三〇-六三九一（編集部）
〇三-三二三〇-六〇八〇（読者係）
〇三-三二三〇-六三九三（販売部）書店専用

装幀……原　研哉
印刷所……TOPPAN株式会社
製本所……加藤製本株式会社

定価はカバーに表示してあります。

ISBN 978-4-08-720015-7　C0231　Printed in Japan

a pilot of wisdom

a pilot of wisdom

集英社新書　好評既刊

日本の犬猫は幸せか 動物保護施設アークの25年
エリザベス・オリバー　0805-B

日本の動物保護活動の草分け的存在の著者が、母国・英国の実態や犬猫殺処分問題の現状と問題点を説く。

孤独病 寂しい日本人の正体
片田珠美　0806-E

現代日本人を悩ます孤独とその寂しさの正体とは何なのか。気鋭の精神科医がその病への処方箋を提示する。

宇宙背景放射「ビッグバン以前」の痕跡を探る
羽澄昌史　0807-G

最先端実験に関わる著者が物理学の基礎から最新の概念までを駆使して、ビッグバン以前の宇宙の謎を探る。

おとなの始末
落合恵子　0809-B

人生の〝かっこいい〟始末のつけ方とは何なのか。死生観や倫理観に対峙しながら、新しい生き方を考える。

性のタブーのない日本
橋本 治　0810-B

性をめぐる日本の高度な文化はいかに生まれたのか？タブーとは異なる「モラル」から紐解く驚愕の文化論。

経済的徴兵制
布施祐仁　0811-A

貧しい若者を戦場に送り込む〝謀略〟は既にはじまっている！「政・官・軍」ぐるみの悪制の裏側に迫る。

ジャーナリストはなぜ「戦場」へ行くのか──取材現場からの自己検証
危険地報道を考えるジャーナリストの会・編　0813-B

政権の報道規制に危機を感じたジャーナリストたちが自己検証を踏まえながら、「戦場取材」の意義を訴える。

消えたイングランド王国
桜井俊彰　0814-D

歴史の狭間に消えゆく故国・「イングランド王国」に命を賭した、アングロサクソン戦士たちの魂の史録。

ヤマザキマリの偏愛ルネサンス美術論
ヤマザキマリ　0815-F

『テルマエ・ロマエ』の作者が、「変人」をキーワードにルネサンスを解読する、ヤマザキ流芸術家列伝！

野生動物カメラマン〈ヴィジュアル版〉
岩合光昭　040-V

数多くの〝奇跡的〟な写真とともに世界的動物写真家が綴る、撮影の舞台裏と野生動物への尽きせぬ想い。